괜찮아, 힘들다고 말해도 돼

초판 1쇄 발행 2019년 12월 15일
초판 5쇄 발행 2022년 2월 5일

지은이 강지윤
그린이 박연옥
펴낸이 이지은 **펴낸곳** 팜파스
기획편집 박선희
디자인 조성미 **마케팅** 김서희, 김민경
인쇄 케이피알커뮤니케이션

출판등록 2002년 12월 30일 제 10-2536호
주소 서울특별시 마포구 어울마당로5길 18 팜파스빌딩 2층
대표전화 02-335-3681 **팩스** 02-335-3743
홈페이지 www.pampasbook.com | blog.naver.com/pampasbook
이메일 pampas@pampasbook.com

값 12,000원
ISBN 979-11-7026-282-4 (73180)

ⓒ 2019, 강지윤

· 이 책의 일부 내용을 인용하거나 발췌하려면 반드시 저작권자의 동의를 얻어야 합니다.
· 잘못된 책은 바꿔 드립니다.

이 도서의 국립중앙도서관 출판시도서목록(CIP)은 서지정보유통지원시스템 홈페이지(http://seoji.nl.go.kr)와 국가자료공동목록시스템(http://www.nl.go.kr/kolisnet)에서 이용하실 수 있습니다.(CIP제어번호: CIP2019045164)

마음이 아픈 어린이를 위한 따뜻한 심리 교실

괜찮아, 힘들다고 말해도 돼

강지윤 글
박연옥 그림

팜파스

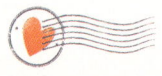

나의 마음이 정말 궁금해요!

오늘 하루를 어떻게 보냈나요?

학교에서, 학원에서, 집에서 공부나 숙제 때문에 바빴나요? 아니면 엄마나 아빠, 친구나 동생 때문에 속상한 일이 있었나요? 내가 오늘 하루를 어떻게 보냈는지는 자신의 마음을 들여다보면 알 수 있어요.

그럼 자신의 마음을 들여다보는 일은 왜 중요할까요?

어떤 안 좋은 일이 생겨서 마음에 상처가 나면 그 상처 때문에 마음의 병이 생기거든요. 여러분 주위를 한 번 둘러보세요. 이유 없이 소심한 친구, 우울한 친구, 별것 아닌 일로 버럭 화를 내는 친구들이 있지는 않나요? 그럴 때 우리는 쉽게 '쟤는 이상해! 같이 놀지 말아야지' 하고 돌아서기 쉬워요. 하지만 한 번 더 생각해 보세요. 그 친구의 마음에 혹시 어떤 상처가 있지 않은지 말이에요.

　우리는 몸이 아프면 병원에 가거나 약을 먹지요. 하지만 마음의 병이 생기면 어떻게 해야 할까요? 많은 친구들이 그럴 때 어떻게 해야 할지 몰라 힘들어하고 있어요. 그런 친구들을 돕기 위해 이 책을 썼어요. 또한 이 책은 선생님이 마음이 아픈 딸을 위해 쓰게 됐어요. 선생님의 딸, 예은이는 초등학교 때 전학을 많이 다니면서 친구들에게 따돌림을 당했고 그래서 마음의 상처가 많았거든요. 예은이와 비슷한 어려움을 겪는 친구들이 있다면 이 책을 읽고 자신의 마음을 치유할 수 있었으면 좋겠어요. 누구에게나 자신의 마음을 잘 돌볼 수 있는 힘이 있어요. 이 책을 통해 그 사실을 깨닫기를 바라요.

　여러분이 자신의 마음을 잘 들여다보고 이해하게 된다면, 여러분의 마음은 무엇이든 할 수 있는 힘을 얻게 될 거예요. 더 나아가 다른 친구들의 마음, 엄마와 아빠의 마음, 동생이나 형의 마음도 잘 이해하고 보듬어 주는 훌륭한 사람이 될 수 있답니다.

강지윤

 차례

004 ♥ 나의 마음이 정말 궁금해요!

마음이 뭐가 그렇게 중요해요?

011 ♥ 내 마음이 그렇게 아픈지 몰랐어요
021 ♥ 학교 가기 싫은 날, 무서운 친구들이 미운 날
028 ♥ 마음이 지닌 힘을 좀 더 키워 주세요

지금 내 마음에 빨간불이 켜져 있어요

035 ♥ 나는 아무 힘도 없어요
042 ♥ 지긋지긋한 열등감, 벗어나고 싶어요
054 ♥ 내가 너무 싫어요
062 ♥ 울면 안 되나요? 울면 약한 건가요?
071 ♥ 욕하지 않으면 왕따 당해요
078 ♥ 자꾸만 짜증이 나요
084 ♥ 아무도 나와 친구하지 않아요
091 ♥ 온종일 게임만 하고 싶어요
100 ♥ 사람들 앞에 서면 주눅이 드는 내 성격이 싫어요
111 ♥ 죽으면 아무것도 안 해도 되잖아요
118 ♥ 혼자 있는 게 무서워요

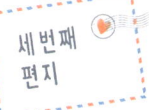

세 번째
편지

**지금 내 마음에
어떤 일이 일어나고
있을까요?**

125 ♥ 마음은 스스로 방패를 만들어요
135 ♥ 불안하다는 건 지금 빨리 마음의 소리를
　　　들으라는 신호예요

네 번째
편지

**마음의 힘을
기르기 위해서
이렇게 해 봐요!**

143 ♥ 사랑한다면 더 안아 주고 더 말해 주세요
148 ♥ 공부에 대한 감정을 덜어 내야
　　　공부를 잘할 수 있어요
152 ♥ 나의 꿈을 자세히 그려 보세요

첫 번째 편지

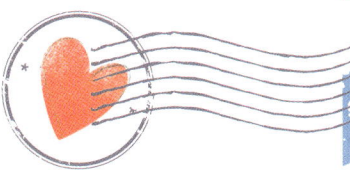

마음이

뭐가 그렇게

중요해요?

마음이 어떤 건가요? 지금 나는 마음이 아픈 건가요?

우리는 몸만큼이나 마음도 중요하다는 것을 잘 모르고 있어요.

몸의 상처는 눈에 보여 잘 알지만 마음의 상처는 보이지 않아

그대로 방치하기 쉽지요.

몸의 상처만큼 마음의 상처도 잘 보듬고 치유해야만 해요.

그렇지 않으면 마음의 병이 깊게 들지도 모르거든요.

내 마음이
그렇게 아픈지
몰랐어요

아침에 일어나 학교에 가고, 친구들과 어울리다 학원에 가요. 숙제를 하고 좋아하는 게임과 유튜브도 보고 나면 어느새 잠잘 시간이지요. 잔뜩 피곤한 몸으로 누우면 괜스레 짜증이 치민 순간이 떠오르기도 해요.

'내가 왜 그랬지?'

쉽게 화내고, 짜증 내고, 힘이 없었던 순간들. 그때 나는 왠지 다른 사람이 된 것 같기도 해요. 그런데 말이에요. 그건 모두 마음이 우리에게 신호를 보낸 거랍니다.

'내 이야기를 들어 줘!'라는 신호를 말이에요.

우울증인지도 몰랐던 9살 민수

민수라는 친구의 이야기를 들려줄게요. 겨우 9살이던 민수는 부모님이 이혼하셔서 할머니와 단둘이 살았어요. 시력이 좋지 않은 할머니는 민수를 돌보는 것이 힘드셨는지 늘 화를 내셨지요. 심지어 민수가 100점 맞은 시험지를 들고 와도 칭찬을 하지 않으셨어요.

민수와 할머니가 제 상담실을 찾은 것은 민수가 조금 이상해졌기 때문이에요. 민수는 처음에 초점 없는 눈으로 멍하니 앉아 있었어요. 그러더니 나중에는 부엌에 들어가 유리그릇을 깨거나 아무 말 없이 학교에 가지 않았어요. 할머니는 이런 민수에게 더 소리를 치고 야단을 치셨죠.

민수는 왜 이런 행동을 하게 되었을까요? 민수의 행동은 사실 '우울증'의 한 표현이랍니다. 우울증은 여러 이유로 생기는데, 민수의 경우는 '사랑받지 못해서' 생겼지요.

"사랑받지 못해서 우울증이 생긴다고요?"

그럼요. 사랑을 충분히 받아도 모자랄 어린 나이에 민수는 누구에게도 사랑을 받지 못해 외로웠던 거예요. 부모님은 민수를 돌봐 주기는커녕 찾아오지 않았고, 할머니는 그저 화만 내셨으니까요.

==사람은 사랑을 먹어야 살 수 있는 존재예요. 사람들이 화를 내는 건 사랑이 필요하다는 증거랍니다. 외로워하는 것도 사랑이 필요해서예요. 사랑은 심하게 다친 마음을 아주 빨리 치료해 준답니다.==

그런데 민수의 할머니는 왜 손자에게 그렇게 화를 냈을까요? 민수의 할머니가 상담실을 찾았을 때 할머니는 다리를 약간 저셨어요.

상담하는 내내 할머니는 거친 손으로 후회의 눈물을 훔치셨지요. "내가 너무 모질게 대했어."라고 계속 말씀하시면서요.

할머니는 경제적으로 어려워 불편한 몸으로 끊임없이 일을 하셨어요. 그러면서 민수를 키우는 것이 무척이나 힘드셨다고 해요. 그래서 마음은 안 그런데도 민수에게 화와 짜증을 많이 냈다고요.

사실 할머니도 마음이 많이 아픈 분이셨어요. 선생님은 할머니의 말을 충분히 들은 다음에 민수의 행동이 우울증이라는 병 때문이라서 잘 치료해야만 한다고 말씀드렸지요.

치료에서 가장 중요한 것은 할머니의 사랑이라고 알려 드렸어요. 민수에게 칭찬과 격려를 많이 해 주고, 사랑이 전해지도록 많이 안아 주고, 말로 많이 표현해 달라고 말씀드렸죠.

그 후 할머니는 민수에게 소리를 지르지 않고 사랑을 표현하려고 애썼어요. 민수의 표정은 점점 밝아졌지요. 말수도 많아졌어요. 분노와 폭력적인 행동이 없어지면서 자주 웃게 되었고요. 민수는 이제 방과 후 교실에 참여해서 친구도 잘 사귄답니다.

상담 치료가 끝나면서 민수는 이렇게 말했어요.

"선생님, 전에는 아무도 제 마음을 알아주지 않았어요. 그런데 이제는 제 마음에 관심을 갖고 사랑해 주어서 정말 행복해요."라고요.

우리는 마음속 이야기를 얼마나 듣고 있나요?

"엄마, 자살을 하면 지옥 가?"

어느 날 선생님의 딸 예은이가 이렇게 물었어요. 선생님의 가슴은 철렁 내려앉는 것 같았어요. 예은이는 아무렇지 않게 말하는 듯하지만, 선생님은 그 질문에 담긴 고통과 힘겨움을 알 수 있었어요. 예은이의 한마디는 마음의 빨간불을 알려 주는 응급 신호였어요. 예은이의 마음이 얼마나 아픈지 몰랐던 나 자신이 너무 미웠지요.

그 후 선생님은 예은이의 마음을 어루만지기 위해 틈만 나면 예은이의 마음속 이야기를 꺼내려고 노력했답니다. 처음에는 쉽지 않았어요.

제가 "오늘 어떻게 지냈어?"라고 물으면 예은이는 "친구들이랑 그냥 지냈어."라고 간단히 대답할 뿐이었거든요. 그러면 저는 또다시 물었지요.

"오늘은 마음이 어땠어?"

"어떤 생각을 많이 했어?"

"외롭거나 슬프지는 않았어?"

입을 꾹 다문 예은이의 마음속 감정을 들어 보고 꺼내려는 노력을 기울였지요.

부정적인 감정을 말하지 않으면 폭발할지도 몰라요

혹시 여러분도 이러지는 않나요? 아침에는 학교에 가기 싫고, 학교에서 친구들과 놀 때는 즐겁고, 혼자 집에 갈 때는 심심하고, 스마트폰을 볼 때는 재미있고, 밤에 잘 때는 외롭고……

아마 하루 동안 몇 가지 감정이 왔다 갔다 할 거예요. 그건 매우 자연스러운 일이랍니다. 사람의 마음속에는 하루에도 수만 가지 감정이 왔다 갔다 해요. 그 감정에는 기쁨, 희망 같은 긍정적인 감정도 있고 슬픔, 질투, 고통, 화 같은 부정적인 감정도 있어요.

기쁠 때는 어떻게 하나요? 하하 웃거나, 친구나 가족에게 "나 기쁜 일 있어요!"라면서 이야기하며 자랑할 거예요.

그런데 슬플 때는요? 힘들거나 외로울 때는 어떻게 하나요? 혹시나 혼자 말없이 가만히 있지는 않나요? 누가 "무슨 일 있어?"하고 물어도 "별일 없어."라고 대답하지요.

==왜 많은 사람들이 기쁜 일은 쉽게 말하면서도 힘든 일은 이야기하지 않는 걸까요?== 그것은 부정적인 감정은 표현하지 않는 게 좋다고 생각하기 때문이에요. 최대한 티 내지 않는 게 잘한 행동이고 성숙한 태도라고 생각하는 거지요.

하지만 그렇게 마음에 숨겨 놓은 부정적인 감정들은 어떻게 될까요? 마음 가장 밑바닥에 차곡차곡 쌓이면서 결국에는 폭발하게 될 거예요. 어떻게 폭발하냐고요?

아무것도 아닌 일에 심하게 화를 내거나, 욕을 하거나, 심지어 친구를 때리는 행동을 하면서요.

감정 억누르기의 달인이 되면 안 돼요

외로움, 슬픔, 질투, 고통, 화 같은 부정적인 감정은 나쁜 것이 아

니에요. 부정적인 감정은 지극히 정상적인 감정이지요. 다만 그 감정이 생길 때 어떻게 다루느냐가 매우 중요해요. 무조건 숨기고 억누르기만 하면 반드시 문제가 생기거든요.

그런데 우리는 아주 쉽게 '억누르기의 달인'이 되고는 해요. 부정적인 감정을 남에게 절대 보이지 않지요. 그래야만 자신이 좋은 사람이라고 생각하거든요. 자기 마음이 힘들면 티를 내지 않고 마음속으로만 다른 사람을 원망하고 비난하지요.

이렇게 감정을 억누르면 마음속에 남에 대한 원망이 쌓여요. 스스로 "역시 나는 안 돼" 같은 비관하는 감정도 쌓이지요. 이런 감정들이 모여 우울증, 불안증 같은 마음의 병이 되는 거랍니다. 마음의 병이 심해지면 스스로 죽음을 선택하는 비극도 만들 수 있어요.

선생님은 딸 예은이에게 물어보았답니다. 혹시 바쁜 엄마를 보고 외로운 적이 있었는지요. 학교에서 친구와 힘든 일이 있었는지요. 선생님께 꾸중을 들었는지요. 아무도 너를 이해해 주지 않은 것 같았는지 말이에요. 누군가 말을 걸어 주고 얘기를 들어 주기를 기다리고 있는지 말이에요.

예은이는 서서히 털어놓았어요. 따돌림을 당해 힘들었던 경험, 학교에 가기 싫어서 죽고 싶었던 마음에 관해서요.

이제 여러분도 두려워하지 말고 가까운 사람, 가족, 친구, 선생님께 마음속 이야기를 털어놓아 보세요. 그들도 아마 먼저 이야기해 주기를 기다리고 있을 거예요. 그리고 마음속 힘든 감정을 절대 억누르지 마세요. 뭐든지 엄마에게 힘든 감정을 말하고 표현하세요.

누군가와 대화할 수 있다면 그것만으로도 마음속 빨간불이 켜진 아주 위험한 상황에서 벗어날 수 있어요. 마음이 한결 가벼워지고, 아픈 마음에 관심을 받고 있다는 안도감이 차오르지요.

만일 친구와 이야기한다면 내 이야기만 하는 것이 아니라 친구의 힘든 점을 들어 주는 것도 좋겠지요. 서로 자신의 감정을 '화내지 않고' 표현하면 나쁜 감정이 마음속에 쌓이지 않게 될 거랍니다.

엄마, 이렇게 도와주세요

우울증 증세를 절대 넘겨서는 안 돼요!

만일 우울증 증세가 나타난다면 매우 신속하게 대처해야 해요. 우울증이 비교적 약할 때는 엄마의 사랑과 관심만으로도 빠른 치유를 보입니다. 그러나 중증으로 진행되어 신체화 증상(마음속 감정이 몸의 통증으로 표현되는 것)도 나타나거나 죽고 싶은 심정이 자꾸 들면 심리 치료 전문가를 찾아야 합니다.

선생님은 예은이와 이메일을 주고받으면서 속마음을 털어놓도록 이끌어 주었어요. 예은이는 엄마에게 나쁜 일을 이야기하면 혼날 거라 생각해 처음에는 이야기를 하지 않았어요. 그래서 먼저 제 이야기를 했답니다.

하루 동안 힘들었던 일, 슬펐던 일, 즐거웠던 일 등등. 엄마도 힘든 일을 겪을 수 있다는 걸 알려 주었습니다. 그랬더니 예은이도 천천히 마음 문을 열더군요. 왕따 당한 이야기, 욕을 들었다는 이야기, 가슴이 아프고 짜증이 난다는 이야기 등을 글로 털어놓았어요.

여러분이 글쓰기가 싫다면 그림을 그려도 좋아요. 도화지에다 마음껏 그려 보는 거죠. 속상했던 기억, 하고 싶은 것 등. 이렇게 하면 자기도 모르게 마음을 열게 될 거예요. 어느 순간부터 엄마에게 마음속 이야기를 털어놓을 수 있을 거예요.

잊지 마세요. 엄마에게 속내를 털어놓는 순간부터 여러분의 마음에는 치유가 일어납니다. 세상 모든 엄마는 치유자거든요.

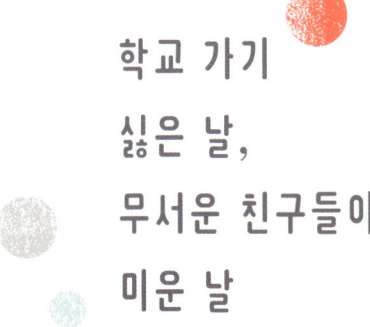

학교 가기 싫은 날, 무서운 친구들이 미운 날

　선생님은 심리 치료를 위해 상담실을 찾는 아이들을 많이 만났어요. 그 아이들과 이야기를 나누면서 두렵고 무서운 감정에 휩싸여 있다는 걸 알게 되었어요. 우리는 하루에도 몇 번씩 두렵거나 무서운 감정이 들고는 해요.

　교실에서 무서운 눈빛을 보내고 아무 이유 없이 남을 괴롭히는 친구를 본 적이 있나요? 이런 친구들 때문에 힘든 적은 없었나요? 이런 친구들을 보면 무슨 생각이 드나요? 그냥 무섭고 피하고만 싶나요? 혹시 잘못해서 그 아이들에게 찍히지 않을까 두려운가요?

놀랄지도 모르겠어요. 그 친구들이 선생님이 보기에는 두려움과 불안이 가득한 아이로 보이거든요. 무서운 친구들의 내면을 살펴보면 이런 얼굴이 나온답니다.

이미 많은 상처를 받아 마음의 손톱을 날카롭게 세운 아이, 다시 상처를 받을까 봐 두려워서 먼저 무서운 눈빛을 보내는 아이, 그러다 보니 아무도 곁에 없어서 외로운 아이, 난폭하고 반항적으로 변해 버린 아이, 피해 의식이 심해 매번 다른 사람을 욕하고 비난해 버리는 아이의 얼굴이요.

무서운 친구들도 사실은 외로움에 떨고 있어요

얼마 전, 반 아이들에게 집단 괴롭힘을 당한 아이가 스스로 목숨을 끊는 사건이 일어났어요. 얼마나 괴로웠으면 스스로 목숨을 끊었을까요. 이 아이는 친한 친구들에게 투명 인간 취급을 당하고 방석, 막대기로 맞기도 했어요. 심지어 있지도 않은 병이 있다며 이 아이를 전염병 환자처럼 대하기도 했지요.

어떻게 친구를 이렇게까지 괴롭힐 수 있을까요. 친구를 괴롭혀 죽음으로 내몬 아이들은 과연 이런 끔찍한 일이 일어날 거라고 생각했을까요? 만일 그런 생각을 했다면 친구를 괴롭히는 걸 멈출 수 있지 않았을까요?

　선생님의 딸 예은이도 같은 반 친구에게 괴롭힘을 당한다고 말한 적이 있어요. 툭하면 다른 친구들을 욕하고 때리는 친구가 있는데, 그 친구가 욕을 했다고요. 예은이는 "욕하지 마."라고 정색하며 이야기했지만, 그 친구는 들은 척도 하지 않았다고 해요.

　사실 마음이 강한 아이들은 어떠한 욕설을 들어도 툭툭 털어 버릴 수 있어요. 그게 진짜 나와 상관없는 말이라고 생각하기 때문이지요. 하지만 예은이처럼 마음이 섬세하고 예민한 아이들은 작은 욕설 한마디에도 깊은 상처를 받을 수 있어요.

　그렇다고 예민한 것이 잘못인 것은 아니에요. 섬세하고 예민한 점이 좋을 때도 무척 많이 있거든요. 지금 이 경우, 잘못은 어디까지나 욕을 한 그 친구에게 있다는 점을 명심해야 해요.

　선생님은 우울해하는 예은이를 위해 그 친구와 이야기를 나누었어요. 그 친구는 부모님이 매일 일찍 나갔다가 늦게 들어오셔서 온종일 외롭게 있었어요. 아무도 자신에게 관심을 주지 않아서 속상한 적이 무척 많았지요. 마음속에 다른 아이들을 괴롭히면서 부모님의 관심을 끌려는 욕구가 자라고 있었어요.

　"이렇게 하면 나를 봐주겠지?"

한편으로는 자신이 방치되었다는 생각이 들어 상처를 받아 화도 많이 났지요.

선생님은 먼저 그 친구의 외로운 심정을 잘 들어 주었어요. 그리고 관심 받는 방법에 대해서 제대로 알려 주었지요.

"계속 욕을 하면 아이들이 너를 더 멀리하게 될 거란다. 그러면 더 외롭고 힘들어질 거야. 이제부터라도 욕하지 말고 때리지 않고 진실하게 친구를 대해 보렴. 시간이 좀 오래 걸려도 더 많은 친구가 생길

이렇게 하면 나를 좀 봐줄까...

거야."라고요.

예은이는 그 친구를 혼내지 않고 오히려 다정하게 대하는 선생님을 이상하게 보았어요. 자신이 당한 만큼 그 친구도 당해야 하는 거 아니냐고 말했지요. 하지만 혼을 내는 것, 화를 내는 것은 결코 좋은 방법이 아니랍니다.

자신을 괴롭힌 친구들에게 복수하고 싶은 마음이 들 수도 있어요. 그 마음을 충분히 이해해요. 하지만 그렇게 한다고 해서 내 마음이 편해지는 것은 아니랍니다.

'그 친구가 나에게 앙심을 품고 또 괴롭히지 않을까?'

분노는 또 다른 분노를 낳기 쉬우니 이러한 두려움이 생길지도 모르지요.

그보다는 오히려 ==자신의 상처받은 마음을 잘 돌보고, 이 괴롭힘이 내 잘못이 아니라는 점을 인정해 주세요. 상대방 역시 무서운 친구가 아니라 나약한 친구임을 알게 된다면, 좀 더 편안하고 자유로운 기분이 될 수 있을 거랍니다.==

나를 괴롭힌 그 '무서운 애들'도 사실은 마음에 병이 들 만큼 외롭고 힘들었던 거예요. 지금 나는 이렇게나마 나를 돌볼 힘이 있지만 그 아이들에게는 그런 힘이 없었던 거지요. 그래서 그 아이들에게는 복수보다는 이해와 용서가 더 필요하답니다.

그리고 이 세상에는 진짜 무서운 사람은 없다는 것을 알았으면 좋겠어요. 자기 마음속 깊은 곳의 무서움 때문에 무섭게 보이는 것뿐이거든요. 이 놀라운 진실을 꼭 기억해 주었으면 해요.

엄마, 이렇게 도와주세요

말수가 갑자기 줄어들었다면
마음이 아픈 거예요

여러분이 만일 갑자기 말이 없어지고 우울하다면 부모님과 대화가 필요한 시기라는 의미예요. 어른들처럼 논리적으로 말하지 못하고, 특히 마음이 아픈 상태이니 대화는 오래 걸릴 수가 있어요. 이때 부모님이 여러분을 좀 기다려 주셔야 한답니다. 부모님이 성급히 결론을 내리거나 화를 내면서 닦달하면 여러분의 마음은 오히려 더 깊은 동굴 속으로 들어가 버릴 수 있거든요.

여러분에게 '너의 아픈 마음을 이해한단다'라는 부모님의 마음이 전달될 수 있도록 부모님도 노력해야 한답니다.

아픈 마음 한 줄기가 두 줄기, 세 줄기가 되어도 모른 채 방치하면 심리적인 병으로 진행됩니다. 여러분의 표정과 태도에 주의를 기울이고 세심하게 관심을 가져 주세요.

마음이
지닌 힘을
좀 더 키워 주세요

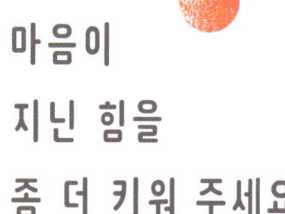

　많은 사람들이 바쁘고 분주한 일상을 보내며 마음의 중요성을 모른 채 살아갑니다. 불행하다고 느끼는 문제 대부분이 마음에서 생기는데도 말이에요. 자기 마음을 소중히 여기지 않는 사람은 다른 사람의 마음도 신경 쓰지 않아요. 그러다 보니 자기도 모르게 서로의 마음을 찌르고 다치게 하지요. 피해자였던 사람이 가해자가 되어 다른 사람에게 상처를 입히고, 가해자는 희생자가 되는 일이 일어납니다. 이 악순환을 어떻게 멈춰야 할까요?

　마음은 말 한마디에도 심한 상처를 받을 만큼 연약해요. 그래서 작은 것이라도 그때그때 생긴 상처를 치유해 주어야 해요. 작은 상처가 많아지면 더 이상 고통을 느낄 수 없을 정도로 무뎌지기도 합니다. 자신의 마음이 아픈 줄도 모르고 지내다가 더 큰 문제를 일으킬 수도 있거든요.

마음을 건강하게 하는 세 가지 방법

《칭찬은 고래도 춤추게 한다》는 책이 있어요. 이 책의 내용을 잠깐 살펴볼까요? 회사의 중역인 웨스 킹슬리 아저씨는 회사와 집에서 인간관계로 고민이 많았어요.

어느 날 플로리다로 출장을 간 아저씨는 우연한 기회에 씨월드 해양관에서 범고래 쇼를 보았지요. 바다의 포식자로 알려진 범고래들이 멋진 쇼를 벌이는 것을 보고 아저씨는 궁금했어요. 어떻게 무게 3톤이 넘는 범고래들이 멋진 쇼를 하도록 만들었을까? 조련사의 비법은 아주 간단했어요. 바로 '관심'과 '칭찬' 그리고 '격려'였어요. 아저씨는 관계에서 칭찬이 얼마나 위대한지 깨달았어요.

갑자기 책 이야기를 왜 꺼냈을까요? 맞아요. 마음을 건강하게 만드는 방법 세 가지가 이 책에 등장하기 때문이에요. 마음에 상처가 있는 사람은 좋은 마음을 먹기가 쉽지 않아요. 아무리 강하게 마음먹어도 다시 부정적으로 되기가 쉽거든요. 그래서 ==주변 사람들의 도움이 필요해요. 바로 '관심', '칭찬', '격려'가 필요하지요.==

사람은 칭찬과 격려를 받으면 마음의 상처를 치유할 수 있고, 마음의 긍정적인 힘을 회복할 수 있어요. 그 반대인 기분 나쁜 말이나 꾸중은 상처가 되지요.

어떤 말이 마음을 건강하게 만들고, 어떤 말이 마음을 약하게 만드는지 더 살펴볼까요? 예를 들어볼게요. 친구들끼리 이름 대신 별명을 많이 부르잖아요. 이때 '뚱뚱이, 먹보, 갈비'처럼 친구의 단점을 상징하는 별명은 좋지 않아요. 나쁜 별명을 자꾸 들으면 그 친구의 마음이 좋지 않을 거예요. 기왕이면 장점이 부각되는 별명을 부르는 게 좋겠지요. 그러면 친구도 별명을 좋아할 뿐 아니라 좋은 별명을 불러 주는 여러분도 좋아하게 될 거예요.

=="고마워.", "할 수 있어.", "잘했어.", "괜찮아."와 같이 격려와 감사를 담은 표현을 자주 말하는 것도 좋아요.== 이 말을 자주 사용하지 않았다면 왠지 말하기 민망하다고 느껴질 수도 있어요. 하지만 이 말들을 하면 할수록 스스로 느낄 거예요. 친구와 관계가 더 좋아지고 있고, 내 마음에 힘이 넘쳐흐르고 있다는 것을요.

두 번째 편지

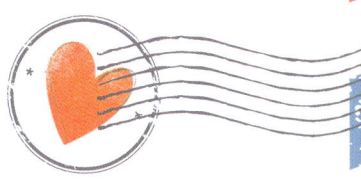

지금 내 마음에

빨간불이

켜져 있어요

마음속에 상처가 생겼다는 것이 두렵고 힘이 드나요?

하지만 우리가 자라고 살아가는 동안 마음에 상처를 받지 않고

살 수는 없어요.

중요한 것은 지금 내 마음에 일어나는 일을 알아채고

상처를 잘 돌보는 거랍니다.

그 과정을 거치면 '나 자신을 더 단단하게 믿는 힘'이

생기거든요.

상처가 아물면서 더 단단한 내가 된답니다.

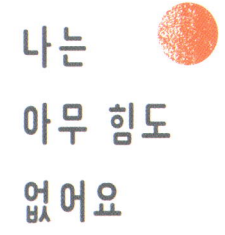

나는 아무 힘도 없어요

선생님의 딸 예은이는 어릴 적부터 아주 되고 싶은 꿈이 많았어요.

"엄마, 나는 피아니스트가 될 거야."

"난 이 다음에 크면 축구 선수가 될 거야."

그것만이 아니었어요. 수의사, 외과 의사 등등. 예은이의 꿈은 아주 자주 바뀌었지요. 이렇게 꿈이 바뀌는 것은 예은이가 점점 자라고 있다는 증거이기도 했어요. 그래서 예은이가 꿈 이야기를 할 때마다 선생님은 무척이나 기뻤답니다.

그런데 어느 날부터인가 예은이는 말수가 부쩍 줄어들었어요. 되고 싶은 것도 없고, 꿈도 없다고 했지요. 아마도 예은이가 전학을 했을 무렵이었던 것 같아요. 그때 예은이는 아무것도 하기 싫어했고, 자주 짜증을 냈어요. 뭐든 관심이 없었고 무기력했지요. 뒤늦게 알게 되었지만 예은이는 그때 우울증에 빠진 상태였어요.

사실 예은이는 엄마 아빠를 따라 전학을 몇 번이나 겪어야 했어요. 그때마다 새로운 학교에 적응을 해야 했고, 친구도 새롭게 사귀어야 했지요. 그런 과정들이 예은이에게는 엄청난 스트레스가 되었던 거예요. 미처 말하지 못한 상처들이 그대로 마음에 쌓였지요. 우울증이라는 마음의 병이 걸릴 때까지 말이에요.

우울증으로 인해 빼앗긴 꿈

우울감이 커지면 빛나는 꿈들이 몽땅 어디론가 사라지게 됩니다. 계속해서 나쁜 상황만 생기는 것처럼 느껴지기도 해요. 마음의 병은 희망, 기쁨, 행동 등을 삼키고 절망, 좌절, 미움 같이 나쁜 것만 남겨두거든요.

하지만 마음이 아파서라는 걸 알아차리면 나름 해결할 방법을 찾을 수 있어요. **아무것도 하기 싫고 나에게 어떤 힘도 없는 것 같은 기**

분. 이것도 마음이 아프기 때문이에요. 마음의 병도 몸의 병처럼 치료하면 다시 힘이 나고 꿈을 가질 수 있게 돼요.

그런데 마음이 아파서 그런 거라는 걸 모른 채 '내 성격이 나빠서.', '공부를 열심히 안 해서', '내가 못나서 그래'처럼 자기 자신을 미워하면 안 돼요. 그러면 영원히 마음이 낫지 않게 될 거예요. 실제로 어릴 적 마음의 병을 그대로 방치하고, 자기 탓을 한 사람들이 커서도 행복을 찾지 못하고 불안이 커지는 경우가 제법 많답니다.

경청하고 공감하는 것이 얼마나 큰 힘을 지녔는지 몰라요

그러니 온 힘을 다해 마음이 아픈 것을 어루만지고 치유하는 것이 필요해요. 그렇다면 어떻게 마음을 치유해야 할까요? 방법은 어쩌면 여러분도 알고 있는 것일지도 몰라요. 자, 선생님이 예은이의 아픈 마음을 어떻게 치유했는지 들려줄게요. 여러분도 어떻게 하면 좋을지 충분히 알 수 있을 거예요.

선생님은 예은이에게 계속해서 말을 걸었어요. 물론 예은이는 말하기 싫어하고 귀찮아하면서 짜증만 냈지요. 엄마인 선생님의 눈도 제대로 보지 않았어요.

"예은아. 오늘 힘들었던 일은 뭐니?"

"……."

"표정을 보니 짜증이 많이 난 것 같은데 무슨 일 있었니? 엄마에게 다 말해 봐. 기분이 시원해질걸?"

"아, 됐어. 싫어."

"싫은 거 충분히 이해해. 짜증도 나겠지. 하지만 엄마는 네가 짜증 났던 그 이야기도 듣고 싶어."

"아, 애들이 나 놀렸어. 됐어?"

"그랬구나. 애들이 놀리다니 짜증 났겠다. 그래서 어떻게 했어?"

"뭘 어떻게 해. 하지 말라고 했지. 그런데 더 놀리잖아. 나더러 주전자라고 하고, 돼지라고 하고……. 에이씨!"

"아니, 어떤 녀석들이 그렇게 놀리는 거야? 애들이 놀리면 당연히 짜증 나지. 엄마가 어떻게 도와줄까? 엄마가 나서서 따끔하게 이야기할까?"

예은이는 선생님의 말에 멈칫했어요.

"아니, 그럼 더 놀릴 거야. 내가 알아서 할게."

"네가 알아서?"

"응. 내가 해결할게."

"음. 그래. 그럼 언제든지 엄마 도움이 필요하면 꼭 말해야 해. 알았지?"

예은이는 고개를 끄덕였어요. 며칠 후 예은이가 먼저 선생님에게 말을 걸었어요. 매번 선생님이 먼저 말을 걸었는데 예은이가 스스로 자기 이야기를 하게 된 것이지요.

처음에 예은이는 무척 어색해했어요. 그런데 차츰 자연스럽게 이야기를 하게 되었지요. 선생님과 눈도 마주치고, 목소리도 점점 커졌어요. 예전 같으면 창피해서 입 밖으로 꺼내지도 않았을 일들을 모두 꺼냈지요. 선생님과 예은이는 함께 이야기를 하면서 마음의 문제를 해결해 갔어요.

참, 신기하지요? 엄마인 선생님이 이야기를 조금 들어 주고 공감했을 뿐인데 예은이는 무척 많이 달라졌거든요. 예은이의 마음은 조금씩 힘이 실렸어요. 점차 밝고 당당해졌지요. 아무 힘도 없다던 예전 모습과는 아주 많이 달랐어요.

이제 알겠나요? 누군가의 말에 공감하고 경청을 한다면 그 사람의 마음속 상처는 차츰 치유될 거예요. 엄마와 그런 이야기를 나누어도 좋겠지요. 그런 대화를 할 수 있는 친구가 있다면 그 친구와 이야기를 나누어 보세요. 그리고 그런 대화는 나 자신과도 나눌 수 있어요. 내 마음이 지닌 힘을 누구보다 강하게 만들어 줄 사람은 바로 나 자신이니까요.

💥 간단하게 우울증 테스트를 한 번 해 볼까요?

옆에 나온 13가지 질문 중에서 5가지 이상 해당된다면 전문가의 도움이 필요한 상황일 수 있어요. 이것이 절대적인 것은 아니지만 심각하다고 생각되면 전문가를 찾아가 도움을 받는 것이 좋습니다.

- 외롭다는 말을 자주 한다.
- 잘 우는 편이다.
- 자신이 나쁜 일을 저지를까 두렵다.
- 완전벽이 있다.(완전벽은 절대로 할 수 없는 기준을 만들고, 이것을 해내려는 것을 말해요. 예를 들면 하루아침에 꼴등에서 1등으로 되겠다는 목표를 세우는 것 등이 있어요.)
- 자기를 사랑하는 사람이 없다고 불평한다.
- 남들이 자신을 해치려고 한다는 이야기를 한 적이 있다.
- 자신이 보잘것없는 존재라고 한다.
- 신경질적이고 예민하다.
- 겁이 많다.
- 자의식이 강하고 쉽게 무안해한다.
- 남을 의심한다.
- 불행하다고 생각하고 슬퍼한다.
- 늘 걱정이 많다.

지긋지긋한 열등감, 벗어나고 싶어요

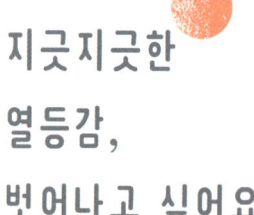

"나는 왜 이렇게 못났지. 바보같이 맨날 지기만 하고."

우리는 자주 이런 감정에 빠져요. 내 주변에는 온통 멋진 사람들이 많거든요. 잘난 친구들 속에서 나는 항상 뒤처지는 것 같아요. 이런 감정에는 이름이 있답니다. 바로 '열등감'이라는 이름이지요. 하지만 정말 내가 못나서 이런 감정을 느끼는 걸까요?

어느 날 선생님의 상담실에 10살 된 남자아이가 찾아왔어요. '열등감'이 너무 심해 생활이 곤란해진 친구였지요. 그 아이의 엄마는 어릴 적부터 이런 말을 자주 했어요.

"윗집 애를 봐. 걔는 얼마나 공부도 열심히 하고 말도 잘 듣는지 몰라. 그에 비하면 너는 제대로 하는 게 하나도 없어!"

"형 좀 봐. 자기 물건을 딱딱 잘 정리하잖니. 너는 도대체가 산만해서 여기저기 어지르기만 하고. 칠칠맞기는……."

그 아이는 언제나 다른 아이와 비교하는 엄마의 말을 들었어요. 그러다 보니 자기도 모르는 사이에 다른 사람보다 못났다는 생각을 마음 깊이 새기게 된 거지요. 항상 열등감을 느끼게 된 거예요.

남과 자꾸 비교하는 나, 점점 심해지면 어떻게 될까요?

열등감이 많은 사람은 자신을 부끄럽게 여겨요. 그래서 자신감 있게 발표도 못하고 자기 생각을 논리적으로 표현하지도 못하지요. 상담실을 찾은 아이도 마찬가지였어요. 항상 주눅이 들어서 자기 생각을 잘 꺼내지 못했지요. 하지만 정말 그 아이가 자기가 생각한 만큼 부족한 점만 있는 상태였을까요?

사람은 누구든지 자신만의 재능을 타고난답니다. 그 재능은 다양한 모습으로 우리에게 잠재되어 있어요. 어떤 씨앗이며 어떤 꽃으로 피워 나갈지 모르지요. 그런데 열등감이 많으면 이 재능의 씨앗을 꽃피울 수 없어요. 자신에게 이런 재능의 씨앗이 있는지도 모르거든요. 열등감에서 벗어나야 자신감이 생겨서 자신의 재능을 꽃피울 수 있어요. 꿈도 마음껏 펼칠 수 있고요.

열등감이 뭔지 궁금해요

열등감이 심할 경우, 자신의 단점이나 약점이 드러나는 상황이 생기면 불안해져요. 그래서 자꾸 그 상황에서 도망치려고 하게 되지요. 말하는 것에 열등감이 있는 친구가 발표하는 상황을 회피하려 드는 것처럼요.

또 열등감은 모든 일에 소극적으로 대처하게 만들어요. 어쩌면 이런 모습이 다른 사람에게 겸손한 태도로 보일 수도 있어요. 하지만 그건 겉모습만 그런 거예요. 마음속으로는 항상 불안하고 다른 사람을 견제하고 질투하기 바쁘지요. 그림 형제의 동화 《백설공주》의 왕비처럼 말이에요. 왕비는 백설공주의 아름다움에 열등감을 느끼고 질투했지요. 그래서 백설공주를 미워하고 괴롭힌 거예요.

자, 그럼 열등감이 심해지면 어떻게 되는지 구체적으로 알아볼까요?

- 다른 사람이 자신을 무시할까 봐 전전긍긍한다.
- 사람들을 두려워하고 무엇을 하든 실패할 것이라고 생각한다.
- 피해 의식으로 인해 친구들이 자신을 욕할 것이라고 생각한다.
- 사람들에게 인정받기 위해 심하게 우쭐대기도 하고 오버한다.
- 나는 공부를 해도 성적을 못 올린다고 믿는다.
- 나는 너무 못생겼거나 장애가 있다고 생각한다.
- 나는 자신을 공부도 못하는 바보라고 생각한다.

이렇게 자신을 향한 부정적인 생각과 행동들을 만들다니, 열등감은 가볍게 보아서는 안 될 것 같지요? 그런데 우리는 왜 이렇게 열등감이 심해진 걸까요? 어느 날 갑자기 열등감이 심해진 것은 아닐 텐데 말이에요.

열등감이 심해진 이유와 과정을 살펴보아야 해요. 열등감이 심해진 원인을 알아내면 그것을 극복하기가 훨씬 쉬워지거든요.

예를 들어 만일 우울증 때문에 열등감이 생긴 거라면 우울증부터 치료해야 할 거예요. 우울증을 놔둔 채 열등감을 없애려고 하면 결코 열등감이 사라지지 않을 테니까요.

사실 열등감은 누구나 가지고 있어요!

어린이들만이 아니라 어른들도 심한 열등감을 가지고 있답니다. 물론 선생님도 그런 적이 있고요. 그런데 훌륭한 사람들 중에는 그런 열등감을 극복하면서 오히려 더 성장한 경우도 많답니다. 옛 그리스의 최고 변론가로 꼽히는 데모스테네스라는 사람이 대표적인 경우지요.

데모스테네스는 아테네의 10대 웅변가(당시 아테네는 웅변이 지도층의 필수 덕목이었어요)로 널리 알려졌지요. 그런데 그는 선천적으로 말을 잘하는 사람이 아니었어요. 태어날 때부터 지독한 말더듬이였고, 호흡기가 약해서 몇 마디만 해도 숨이 찼지요.

데모스테네스는 자신의 단점을 극복하기 위해 열심히 노력했어요. 가파른 언덕을 뛰어오르며 발성 연습을 했고, 소리 내어 책을 읽었지요. 하지만 이번에는 무대 공포증이 문제였어요. 아무리 열심히 연습해도 무대에만 오르면 긴장해서 말을 더듬고 말았던 거예요. 그러나 그는 포기하지 않았어요. 더 이를 악물고 연습했지요. 어느 정도였냐고요?

데모스테네스는 긴장하면 한쪽 어깨가 올라간다는 걸 알았어요. 그래서 무대에 올라갈 때면 천장에 칼을 매달았대요. 만일 자신의 한쪽 어깨가 올라가면 칼날이 자기 어깨를 베게 만들기까지 한 거예요. 아주 극단적인 방법이었지만, 그는 피나는 노력을 기울인 끝에 그 버릇과 무대 공포증을 고칠 수 있었어요. 그 결과 데모스테네스는 아테네 10대 웅변가가 되었지요.

미국의 유명 작가이자 연설가인 헬렌 켈러는 19개월 때 뇌척수염으로 추정되는 병에 걸렸어요. 헬렌은 그 병으로 인해 죽을 위기까지 겪었어요. 간신히 살아났지만 그녀는 보지도, 듣지도, 말하지도 못하는 세 가지 장애를 안고 살아야 했어요. 장애가 세 가지나 있으니 헬렌의 열등감이 얼마나 심했을까요?

그런데 헬렌 켈러는 열등감을 성장의 발판으로 삼았어요. 헬렌은 장애에 굴하지 않고 더 열심히 공부했어요. 그리고 장애가 있음에도 당당히 대학에 입학해 학사가 되었어요. 그 후 자신처럼 장애를 가진 이들을 위해 좋은 일을 많이 했지요.

시각 장애인이면서 미국 백악관의 정책 차관보를 지낸 강영우 박사도 마찬가지예요. 강영우 박사는 눈이 보이지 않아 열등감에 휩싸이기 쉬웠지요. 그럼에도 불구하고 그도 자신의 열등감을 극복하고 열심히 공부해서 한국인이면서도 미국 백악관에서 일하는 인물이 되었답니다.

이런 위인들만 열등감을 극복할 수 있는 것 아니냐고요? 아니에요. 우리도 열등감을 얼마든지 극복할 수 있어요. 물론 쉽지는 않지만 꾸준히 노력한다면 누구나 극복할 수 있답니다.

자신의 열등감에 반대되는 말을 해 주세요

열등감이 심할 경우 심리 치료에서는 '인지 행동 요법'을 해결 방안으로 쓴답니다. 말이 너무 어렵지요? 인지 행동 요법이라니. 하지만 이야기를 들어 보면 그리 어렵지 않아요.

사람의 모든 기분과 감정은 '생각(이것을 '인지'라고 표현해요)'에 의해 만들어져요. 어떤 생각을 가지고 상황을 바라보느냐에 따라 우리의 행동이 달라지지요. 즉 내가 어떤 행동을 했을 때 그 행동은 나의 생각에서 비롯되어서 하게 되는 거예요. 그러니 생각이 바꾸면 행동도 달라지겠지요?

예를 들어, 친구들이 나를 보며 귓속말을 하는 모습을 보았다고 해요. 그 모습을 보고 내가 열등감이 심한 상태라면 '나를 험담하는 거야'라고 생각하기 쉬워요. 그런 생각을 하니 그 친구들을 '피하는' 행동을 하게 돼요.

그런데 만일 이 생각을 이렇게 하면 어떨까요? 그저 '둘만 아는 이야기를 나누는 것'이라고 생각한다면요. 굳이 친구를 피하는 행동을 하지는 않을 거예요. 귓속말을 마친 친구들에게 다가가 자연스럽게 이야기할 수도 있겠지요.

이렇게 별일 아닌데도 걱정하거나, 내가 부족하다고 생각하는 것을 다르게 생각하도록 연습하는 거예요. '나는 못났다.', '나는 늘 실수한다.'가 아니라 '나는 괜찮다.', '나만이 아니라 누구나 실수를 한다.', '친구들이 나를 싫어하지 않는다.', '나는 잘할 수 있다.'라고 생각하는 것이지요.

자, 그럼 직접 해 볼까요? 만일 '나는 아무것도 못해.'라고 생각한다면 나 자신에게 이렇게 말해 주세요. '나는 무엇이든 할 수 있어!'라고요. 그리고 뭐든 열심히 해 보는 거예요.

물론 처음에는 쉽지 않겠지만 꾸준히 하면 할 수 있어요. 이렇게 노력하는 자신을 칭찬해 주는 것도 잊지 말고요.

공부를 못해서 학교에서 열등감에 빠져 있나요? '나보다 공부를 잘하는 애들이 너무 많아. 나는 결코 상위권에 들어갈 수 없을 거야.'라고 생각하고 있나요? 그런 생각과 정반대되는 말을 들려 주세요. 나에게 '나는 공부를 잘할 수 있어. 차츰차츰 좋아질 거야.'라고 이야기해 주는 거예요.

걱정만 하고 있을 때는 불안하고 초조한 행동이 많아질 거예요. 하지만 자신을 믿고 스스로 격려한다면 더 자신감 있게 공부할 수 있을 거예요. 그런 다음에 목표를 세우고 매일 계획을 세워서 공부를 하는 거지요.

==스스로 '나는 못해'라고 생각하기 때문에 정말로 할 수 없는 거랍니다. '나는 할 수 있어'라고 생각하고 스스로에게 말한다면 무엇이든 더 적극적이고 자신감 있게 행동하게 됩니다. 그리고 정말로 무엇이든 할 수 있게 될 거예요.==

자, 이제 나 자신에게 이렇게 말해 주세요.

"누구나 부족한 점은 있기 마련이야. 그리고 나는 이제부터 내 열등감을 극복할 거야. 나는 자신감을 가질 거야. 나는 내가 좋아. 나는 나를 존중해!"라고요.

엄마, 이렇게 도와주세요

매일매일 장점 하나씩 찾아 주세요

열등감이 많은 상태에서 꾸지람을 들으면 어떻게 될까요? 맞아요. 열등감만 더 심해집니다. 그래서 이럴 때는 부모님이 여러분에게 꾸지람 대신 매일매일 여러분의 장점을 하나씩 말해 주는 것이 좋습니다.

"우리 ○○는 글씨를 참 예쁘게 쓰는구나."
"아, 엄마가 몰랐는데, 옷을 깨끗하게 잘 걸어 놓는구나."
"스스로 할 일을 잘하고 있구나."
"우리 아들이 참 잘생겼구나."
"목소리가 정말 좋구나."

이때 주의할 점은 여러분이 받아들일 수 없는 과도한 칭찬이나 누구와 비교하여 말하는 칭찬은 금물이라는 것이에요. 예를 들면 다음과 같은 것들이죠.

"○○이는 세상에서 제일 똑똑한 아이니까 이번에 백 점 맞을 수 있을 거야."
"너는 반에서 제일 멋진 아이야."
"옆집 아이는 만날 엄마를 속상하게 하던데 우리 ○○이는 참 착한 아이야."
"아유, 착하지? 엄마 말을 참 잘 듣는 착한 아이구나."

이러한 칭찬에는 통제의 힘이 들어 있습니다. 그래서 여러분이 반발심이 생겨 나므로 오히려 좋지 않습니다. 열등감을 없애기 위해서는 평소 여러분이 하는 말과 행동을 부모님이 유심히 살펴보고 그 반대되는 칭찬의 말을 진심을 담아 전달하는 것이 좋습니다.

예를 들어 만일 여러분이 외모에 열등감을 느낀다면 부모님이 여러분의 외모를 하나씩 칭찬해 주는 것이지요. 그럼으로써 여러분의 외모에 대한 왜곡된 사고를 바로잡고, 인식을 바꾸는 대화를 더 해 볼 수 있습니다.

내가 너무 싫어요

우리의 몸만큼이나 마음 역시 잘 돌보아야 해요. 그래야 마음이 건강해져서 마음의 힘이 더욱 강해지거든요. 그런데 이 마음의 힘은 어디에서 오는 걸까요? 바로 '자기 자신을 사랑하는 것'에서 온답니다.

혹시 '자존감'이라는 말을 들어보았나요?

자존감은 '스스로 자신을 존중하는 마음'을 뜻하는 말이에요. 자기

==자신을 소중히 대하는 마음이지요. 이 자존감은 마음을 강하게 만들고, 우리가 훌륭한 인격체로 성장하는 데 꼭 필요해요.==

 자신을 존중하는 것은 당연한 건데 선생님이 왜 굳이 이야기를 할까요? 생각보다 많은 사람들이 이 자존감이 낮아서 힘겨워하기 때문이에요. 자기도 모르는 사이에 자기 자신을 소중히 여기지 않고 있거든요. 어떤 상황인지 잘 모르겠다고요?

 자, 자존감이 높은 사람과 자존감이 낮은 사람이 어떻게 다른지 살펴볼게요. 그러면 자존감이 무엇인지 더 잘 이해할 수 있을 거예요.

 만일 학교 수행 평가나 대회에 공모한 결과가 좋지 않게 나왔다고 해 볼게요. 자존감이 높은 아이들은 목표만큼 평가가 나오지 않으면 이렇게 이야기할 거예요.

 "아, 이번에는 아쉽게 되었네. 이다음에는 더 열심히 해서 좋은 평가를 받을 거야. 나는 그럴 수 있어."라고요. 자존감이 높은 사람은 어떤 힘든 일이 생겨도 자신을 격려해 준답니다.

 "걱정하지 마. 잘할 수 있어." 이렇게요.

 그런데 자존감이 낮은 아이들은 아마 이렇게 이야기할 거예요.

 "에이, 해도 안 되잖아. 다음에는 아예 안 할래."

 "이렇게 어려우니 나는 다음에도 잘할 수 없을 거야. 끝났어."라고요. 생각해 보세요. 지금 나는 어떤 모습에 더 가까운가요?

'초라한 나' 대신 '빛나는 나'를 더 믿어 주세요

18살 고등학생이던 형수가 선생님의 상담실을 찾아왔을 때 멍한 표정이었어요. 형수의 엄마는 형수가 우울증이 심해 자살 충동까지 느낀다고 했지요. 형수는 어떤 말을 해도 대답하지 않았어요. 그런데 알고 보니 형수의 아빠가 형수에게 아주 어릴 적부터 비난하는 말을 자주 했다고 해요. 심지어 때리기도 했어요.

"머저리 같은 놈, 물 하나를 똑바로 못 떠 와?"

"바보같은 놈, 머리가 나빠서 공부는 제대로 할 수 있을까? 아직도 구구단을 제대로 못 외워?"

아주 어릴 적부터 이런 소리를 들은 형수는 자기 자신이 멍청하다고 믿고 있었어요. 그런데 형수가 정말 그런 아이일까요?

선생님이 형수를 처음 봤을 때 형수는 얼굴이 창백하고 흐린 눈빛에 표정도 어두웠어요. 하지만 정말 잘생기고 품성이 따뜻한 아이였어요. 나중에 검사해 보니 지능도 꽤 높은 편이고, 다른 재능도 많은 아이였어요. 그런데 형수는 그런 모습을 믿지 못했어요. 자신이 너무도 바보같다고만 믿고 있었지요. 어려서부터 아빠에게 들은 말과 눈빛을 뼛속 깊이 받아들여 버렸던 거예요.

선생님은 형수가 자신을 그렇게만 보는 것이 안타까웠어요.

"형수야. 너에게만 있는 좋은 점이 나는 보이는데, 어떻게 생각하니?"

"그게 뭔데요?"

"다른 사람을 배려하는 태도와 말투, 그리고 착한 마음씨."

"저 안 착해요. 자꾸 화내고 말도 착하게 안 해요."

선생님이 아무리 장점을 알려 줘도 형수는 아니라고 거부했어요. 자존감이 무척 낮아진 상태였기 때문이에요. 그도 그럴 것이 우리는 어릴 때 들은 말을 자기도 모르게 마음속 깊이 새겨 믿는 경향이 있어요. 그게 진실이 아닌데도 말이에요.

남에게 좋지 않은 말을 들어 자존감이 낮아진 아이들은 아무리 타고난 재능이 있어도 남들에 비해 뒤처지고, 비관적으로 됩니다. 또 자꾸 우울하고 외로워하지요. 자신이 귀하고 사랑스러우며 멋진 능력이 있다는 걸 도저히 알 수 없게 되는 거예요.

"형수야. 네가 받은 상처 때문에 네 장점이 안 보이는 거야. 나한테는 다 보인단다. 아무리 네가 숨기려고 해도 보여."

"정말 저한테도 장점이 있어요?"

"그럼. 너는 그런 상처를 받았는데도 다른 사람을 생각해 주고 배려하려고 했어. 기억나니?"

"네……. 그랬던 것 같아요."

"그래서 네가 더 힘들었던 거야. 이제부터는 네가 원하는 것이 무엇인지 생각하고 너 자신을 위해 행동해 봐. 네가 듣고 싶은 말을 부모님께 요구해도 돼. 하고 싶은 말을 억누르지 마."

"그래도 돼요?"

"응. 네 상처가 다 치유되고 나면 네 장점이 더욱 빛이 날 거야. 너는 정말 멋진 사람이 될 거란다."

형수는 점점 마음의 변화를 일으켰어요. 드디어 자기 장점을 알아볼 수 있게 된 거지요. 장점을 알게 되자 형수는 전과 다르게 바뀌었어요. 밝게 웃을 줄 알게 되었지요. 자신을 어떻게 생각하느냐에 따라 모습이 크게 달라지다니 참 신기하지요?

누구보다 자신을 사랑해 주세요

사실 선생님도 형수와 같은 상처를 가지고 있어요. 선생님의 엄마는 다혈질이고 화를 잘 내는 분이셨어요. 게다가 남아 선호 사상이 투철하셨지요. 그래서 저는 딸이라는 이유로 조금만 눈 밖에 벗어나도 심한 욕설과 매질을 받았어요.

"딸은 소용없어. 계집애가 무슨 소용이야? 아들이 최고야!"

"방구석이 이게 뭐야? 너는 이런 거 하나도 제대로 못 치워? 멍청한 것!"

엄마의 이런 말들은 선생님의 마음을 병들게 했답니다. 그리고 오랜 시간에 걸쳐 그 상처를 치료해야 했지요.

선생님은 어른이 되어 마음을 치유하면서 사람은 누구나 재능이 있다는 것을 알게 되었어요. 그 재능을 발휘하며 행복하게 살 권리가 있다는 것도 알게 되었어요. 그런데 그 재능은 사용하지 않으면 결국 사라지고 말아요. 많은 사람들이 자기 재능이 무엇인지 모른 채 살아가지요. 그러니 자신의 재능, 장점을 찾는 것은 매우 중요해요.

자기 재능, 장점을 찾으려면 어떻게 해야 할까요?

==바로 누구보다 자신을 사랑해야 해요. 자신을 사랑하는 마음에서 자존감이 생긴답니다. 자존감은 힘든 일이 있을 때 우뚝 설 수 있는 힘과 용기를 줘요. 긍정적인 미래를 만드는 데 중요한 밑거름이 되지요.==

선생님은 여러분이 자존감이 높은 사람이 되기를 바랍니다. 그래야 자기 안에 있는 재능을 찾아내 마음껏 발휘하고, 그 재능으로 행복하게 살 테니까요. 그러니 자신을 향해 이렇게 말해 주세요.

"누구보다 너를 사랑해!"라고요.

엄마, 이렇게 도와주세요

저의 자존감을
키워 주세요!

만일 어린이 여러분의 자존감이 낮다면 그것은 이미 여러분이 자라는 동안 마음의 상처가 많이 생겼다는 뜻입니다. 그러므로 낮은 자존감을 올려 주려면 우선 여러분의 연약한 마음에 새겨진 상처를 치유해야 합니다.

아마도 부모님이 자기도 모르게 했던 부정적인 말이나 비난이 있었을 거예요. 그런 말 대신, 여러분의 자존감을 키워 주는 말을 부모님이 끊임없이 해 주어야 합니다. 그리고 부모님께서 여러분에게 상처 주는 말을 해서 미안하다고 해야 해요. 부모님이 진심 어린 사과와 공감을 보인다면 여러분의 상처가 잘 아물게 될 것입니다.

여러분이 더 크기 전에 부모님이 이런 마음을 치유해 주어야 해요. 여러분이 많이 자란 이후에는 부모의 부드러운 말조차 받아들이지 못하고 반항하는 이유가 되기 때문입니다. 여러분이 부정적인 자아상을 가지고 있다면 그것을 바로 보게끔 부모님께서 도와주세요. 그러면 자존감이 높아지게 됩니다.

그렇다고 너무 성급하게 해서는 안 됩니다. 상처가 시간을 두고 아물듯이, 치유도 한 걸음씩 이루어져야 합니다. 부모님께서는 언제나 여러분의 긍정적인 변화를 믿고 기대하며 기다려 주어야 합니다.

울면 안 되나요? 울면 약한 건가요?

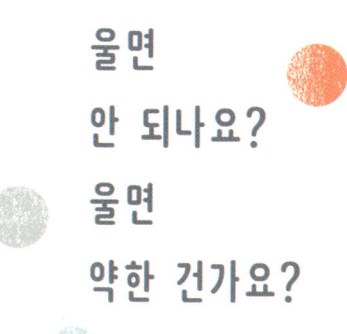

　우리나라는 예로부터 우는 사람을 나약하다고 여겼어요. 특히 남자는 일생에 세 번만 울어야 한다며 절대 울면 안 된다고 했지요. 그 세 번이 언제냐고요? 태어났을 때, 나라를 잃었을 때, 부모님이 돌아가셨을 때예요. 말도 안 될 정도로 우는 것을 못하게 다잡은 거지요. 하지만 선생님은 남자든 여자든 관계없이 사람은 울어야 한다고 생각한답니다.

울음에 담긴 놀라운 효과를 알고 있나요?

우는 게 보기 좋은 것도 아닌데 왜 울어야 한다고 생각하냐고요? 이제부터 눈물이 지닌 좋은 효과에 대해서 이야기해 볼까 해요. 우리가 울 때 눈물과 함께 또 흘려 내보내는 것이 있습니다. 바로 부정적인 마음입니다. 눈물과 함께 부정적인 마음도 함께 흘리기 때문에 마음은 딱딱하게 굳은 상태에서 좀 더 부드러운 상태가 됩니다.

또 눈물은 마음에 상처가 났을 때 그것을 치료해 주는 효과도 있답니다. 그러니까 눈물은 마음의 좋은 치료약이기도 하지요.

선생님의 상담실을 찾는 사람들은 대부분 불안하거나 우울해서 마음이 아픈 이들이에요. 이 사람들은 크게 두 부류로 나눌 수 있어요. 선생님 앞에서 눈물을 쉴 새 없이 흘리는 사람과 눈물 한 방울 없이 무표정한 사람으로 나뉘지요. 이 두 부류 가운데 어느 쪽이 상담 치료의 효과가 더 좋을까요? 바로 눈물을 쉴 새 없이 흘리는 사람들이에요.

이 사람들은 상담을 하면서 자신의 마음을 알아준다는 기쁨과 고통스러운 기억으로 인해 눈물을 흘려요. 그만큼 자신의 상처가 무엇인지 잘 알게 되고, 선생님의 공감을 긍정적으로 받아들이게 되지요.

하지만 눈물 없이 무표정하게 자신의 아픔을 표현하는 사람들은 어떨까요? 이들은 자신의 감정을 느끼는 것조차 무척 어려워한답니다. 감정을 억누르고 또 억누르다가 결국 느끼지 못하는 지경까지 이르게 된 거예요. 그만큼 마음의 상처가 무엇인지 알기도 어렵고 치료하기도 쉽지 않아요.

그래서 선생님은 이들을 보면 무척 마음이 아파요. '어쩌다 눈물을 못 흘리게 되었을까' 하는 생각에서요. 이들은 놀랍게도 대부분 울음을 금기시하는 집안에서 자랐어요. 모두 우는 것은 나약하고, 나쁘다고 배웠지요. 그래서 눈물이 터져 나오려는 걸 무조건 참고 또 참았다고 해요.

"사내자식이 울긴 왜 울어?"

"울긴 왜 울어. 뚝 그쳐. 울면 선물 안 줄 거야."

"우는 애들은 경찰 아저씨가 잡아간대."

이런 말들을 들으면서 자랐던 거예요.

울어도 괜찮아요

선생님의 부모님은 참 많이 싸우셨어요. 선생님의 엄마는 분노가 가득 찬 분이었는데, 그 분노가 폭발하여 소리를 지르면 어렸던 선생님은 숨도 못 쉴 만큼 공포에 떨었어요. 당연한 반응이었어요. 어린아이는 부모님의 싸우는 모습을 보면 심한 불안과 공포를 느끼거든요.

부모님의 잦은 싸움으로 거의 매일 공포에 떨던 선생님은 결국 우울증에 걸리고 말았어요. 매일 죽고 싶고, 아무 꿈도 없었고, 사람들과 만나기도 힘들었지요. 이때 선생님을 살린 아주 강력한 것이 있었어요. 바로 '울음'이에요.

어릴 적 선생님네 집은 무척 가난해서 단칸방에서 다섯 식구가 함께 지냈어요. 그래서 울고 싶어도 큰소리로 울지 못했지요. 선생님은 소리 내지 않고 울 수밖에 없었어요. 몸을 최대한 웅크리고 베개로 입을 막고 눈물을 하염없이 흘렸지요.

그때 선생님은 24시간을 온통 '울음'과 같이 지낸 것 같아요. 자면서도 울었거든요. 얼마나 울었는지 아침에 일어나면 베개가 흥건히 젖어 있었어요. 정말 불쌍했지요? 하지만 그 눈물은 그렇게 나쁘지 않았어요. ==선생님의 눈물은 마음속 깊이 숨은 고통과 외로움, 슬픔을 씻어 주었거든요.==

지금 생각해 보면 그렇게 울 수 있어서 선생님이 버틸 수 있었던 것 같아요. ==참 다행이었어요. 울음을 억누르지 않고 그대로 울 수 있었다는 것이요.==

울면 지는 거라고 생각한 열세 살 수미 이야기

수미와 엄마는 전부터 술에 취한 아빠에게 수없이 맞았어요. 무척 불우한 환경이었는데도 수미는 한 번도 말썽을 부린 적이 없는 모범생이었어요. 그런데 어느 날부터 수미가 달라졌어요. 시도 때도 없이 심하게 짜증 내거나 방 안의 물건을 던지기도 했어요. 며칠씩 방에서 나오지 않기도 했지요. 수미 엄마는 고민 끝에 수미를 데리고 선생님의 상담실을 찾아왔어요.

선생님은 수미에게 물어보았어요.

"수미야. 운 적이 있니?"

"아니오. 안 울어요. 울면 지는 거잖아요."

수미는 아주 간단하게 대답했어요. 그 후 말을 하지 않았지요.

수미는 울면 모든 게 무너질 것 같은 두려움을 느꼈던 거예요. 그래서 울지 않고 이를 악물고 공부하고 모범생으로 살려고 노력한 거지요. 그런데 너무 감정을 억누르다 보니 그만 문제가 생긴 거예요. 마음의 상처가 기어이 터진 거지요. 마치 폭탄처럼.

만일 수미가 마음의 상처를 입을 때 눈물을 흘리고 울었더라면 어땠을까요? 수미는 자신의 상처를 알고, 보듬을 수 있었을 거예요. 그리고 눈물로 조금이나마 치유도 할 수 있었겠지요.

수미에게 필요한 것은 마음을 알아주고 슬픔을 이해해 주는 것이었어요. 선생님은 거의 매일 상담실에 오는 수미의 두 손을 잡아 주었어요. 수미가 자신의 이야기를 할 수 있을 때까지요.

그러던 어느 날, 수미의 표정이 전과 달리 조금 편안해 보였어요. 선생님은 수미에게 말을 걸었어요.

"수미가 따돌림을 당해 힘들었구나. 아무도 너를 신경 쓰지 않았다니. 무척 힘들었을 거야. 선생님은 그 마음을 알 것 같아. 선생님도 그런 적이 있었거든. 그래서 많이 힘들었어."

이 말이 끝나자 수미는 펑펑 눈물을 쏟아 내며 울기 시작했어요. 이렇게 수미는 며칠을 울기만 했지요. 며칠이 지나자 수미는 드디어 마음을 이야기하기 시작했어요.

"저는 제가 공부를 열심히 하고 바르게 생활하면 엄마 아빠가 저를 사랑하실 줄 알았어요. 아빠가 때리고, 엄마가 저를 봐주지 않는 건 제가 미워서니까요. 하지만 그게 아니었어요. 제가 아무리 노력해도 변하는 것은 없었어요."

수미는 자신의 마음이 얼마나 아픈지, 무엇이 힘들었는지를 이야기했어요. 수미는 부모에게 사랑받기 위해 수없이 노력했어요. 그랬는데도 부모에게 관심과 사랑을 받지 못하자 마음속에 가둔 상처가 드디어 폭발했던 거예요.

선생님은 수미에게 부모님이 수미를 미워하는 게 아니라고 알려 주었어요. 부모님도 사랑을 표현하는 방법을 몰랐던 거라고 말했지요. 수미에게 부모님이 어떻게 해 주었으면 좋겠는지 소망을 물어보았어요.

수미는 차츰 얼굴이 밝아졌어요. 마음이 잘 치유되어 마지막으로 상담실을 왔을 때 수미에게 선생님은 당부했어요.

"수미야. 이제부터는 슬플 때 억누르지 말고 항상 눈물을 흘리렴. 그러면 다시는 이런 병에 걸리지 않을 거야. 살아가면서 상처를 전혀 받지 않고 살 수는 없단다. 그때마다 억누르지 말고 정면 돌파하렴. 눈물을 절대 참지 마. 눈물이 나면 마음껏 흘려야 해. 그러고 나면 더 힘이 생길 거야."

수미는 환하게 웃었어요. 우리는 마지막으로 눈물의 포옹을 하고 헤어졌답니다. 물론 기쁨의 눈물이었지요.

엄마, 이렇게 도와주세요

저의 슬픔을
엄마에게 쏟아 낼 수 있게 해 주세요

여러분의 얼굴에 슬픔이 가득할 때는 부모님의 품이 필요합니다. 아직 어린 여러분은 슬픔을 감당할 내면의 힘이 부족할지도 모르니까요. 부모님의 품에 마음속 슬픔을 쏟아 내야만 해요. 그러기 위해 부모님께서 따뜻하고 사랑이 가득한 목소리로 여러분이 마음속 슬픔을 말할 수 있도록 도와주어야 합니다. 이를 위해 때론 부모님의 어린 시절 이야기를 들려주어도 좋습니다.

"엄마도 아주 어릴 때 그랬단다. 그때 너무 마음이 아프고 슬퍼서 많이 울었어. 너도 슬픔이 가득해 보이는구나. 엄마에게 이야기하지 않을래? 뭐든 들어 줄게."

부모님이 이렇게 말해 준다면 여러분은 부모의 품이 안전하다고 인식하고 더 편히 마음속 깊은 이야기를 꺼낼 수 있을 거예요. 부모님께서는 절대 여러분을 다그치지 않고 기다려 주어야 해요. 여러분에게 슬픔이 가득한데 눈물도 못 흘리고 지나가면 반드시 마음의 병이 되고 말거든요. 소아 우울증은 여기서 시작되는 거랍니다. 그러니 부모님께서 반드시 기다려 주시기를 바랍니다.

욕하지 않으면 왕따 당해요

　선생님의 딸 예은이가 어느 날 이렇게 말했어요.

　"엄마, 같이 욕하지 않으면 왕따 당해."라고요. 예은이가 욕을 한다고 생각하니 솔직히 기분이 좋지 않았어요. 욕에는 아주 심한 저주의 메시지가 들어 있거든요.

　최근 보도된 EBS의 기사에 따르면, 청소년들이 특정 계층이나 상대를 혐오하는 표현을 많이 쓴다고 해요. 한자인 벌레 '충(蟲)'자를 붙여 '급식충'처럼 '~충'이라고 부르는가 하면, '개극혐' 등 혐오에 관한 표현을 일상에서도 흔히 쓰고 있어요. 여러분도 한 번쯤 분위기에 휩쓸려 이런 욕을 해본 적이 있지는 않나요? 이렇게 각종 비속어와 욕설을 섞어 쓰면서 욕이 아무렇지 않게 학교, 학원, SNS 등 우리의 일상에 스며들고 있어요. 욕을 하는 당사자는 그 심각성을 모를 수 있어요. 하지만 그 욕을 듣는 친구의 마음은 큰 충격과 상처를 입게 돼요.

선생님은 욕이 청소년들에게 만연한 이유를 분노와 상처 때문이라고 생각해요. 집과 학교에서는 오직 '공부'만 강조할 뿐 마음을 받아주지 않으니까요. 마음속에 쌓인 아픔을 자연스럽게 욕으로 푸는 거지요. 욕을 하면 일시적으로 스트레스가 풀리는 느낌이 드니까요.

그럼 여기서 물어볼게요. 욕을 하는 친구가 멋있어 보이나요? 욕을 하지 않으면 친구와 거리감이 생기는 것 같나요? 그래요. 그럴 수도 있어요. 다소 거칠고 반항적인 모습이 때로는 멋있어 보이기도 하니까요. 사실 선생님도 그런 줄 알았어요. 조용히 공부만 하는 모범생 친구보다는 잘 놀고 거친 말투를 쓰는 친구가 더 멋있다고 생각했거든요.

하지만 어른이 되고 나서 선생님은 그게 아니라는 것을 알았어요. 거친 말투를 쓰는 사람의 내면이 사실은 강하지 못하고 나약하다는 것을 알게 되었기 때문이에요. 조용하면서도 자기 할 일을 하는 사람들이 약한 것도 아니라는 걸 알게 되었어요. 강함이 외적으로만 나타나는 것이 아니라는 것도 알게 되었지요. 진짜 강함을 지닌 사람은 결코 욕설을 하지 않아요. 그리고 그런 사람이야말로 정말 멋있는 사람이라는 걸 알았지요.

나약한 마음을 감추기 위해 일부러 욕을 해요

어떤 아이가 선생님께 이런 말을 했어요.

"선생님, 친구가 자꾸만 심한 욕을 해요. 정말 듣기 싫은데…… 제가 욕을 안 하니까 그 친구가 저를 은근슬쩍 무시하는 것 같아요. 그래서 그 친구보다 더 심한 욕을 해야겠다고 결심했어요."

많은 어린이와 청소년들이 욕을 쓰는 이유 중 하나가 바로 '세어 보이기 위해서'이기도 해요. 그냥 말을 해도 되지만, 욕설을 섞어서 말하면 왠지 내가 세다는 느낌을 받지요. 그래서 상대방에게 강하고 센 인상을 주기 위해서 욕을 하는 친구들이 많이 있어요. 하지만 욕이 정말 내가 세다는 것을 표현해 줄까요?

조금만 자란다면 여러분도 알 수 있을 거예요. 욕이야말로 내가 '생각보다 강하지 않다'는 것을 나타낸다는 것을요. 나약한 내 본 모습을 감추기 위해 거친 욕을 쓴다는 것을요. 친구가 심한 욕을 한다면, 그 친구의 속마음은 약하고 상처받기 싫어서 발버둥 치고 있는 중이랍니다.

그렇게 심한 욕을 듣기 싫다고 했지요? 누구나 심한 욕은 듣기 싫어해요. 그런 욕을 하는 친구를 좋게 보지 않는답니다. 대놓고 표현하지 않더라도 그런 욕을 하는 친구를 마음에서 멀리 떨어뜨려 놓을 거예요. 듣기 싫은 욕을 하는 친구를 가까이 하려는 사람은 아무도 없을 테니까요. 친구 관계는 점점 멀어질 것이 분명하답니다.

그런 의미에서 선생님은 친구에게 무시당하고 싶지 않다는 이유로 똑같이 욕을 하겠다는 아이의 결심을 말리고 싶어요. 누군가에게 멀리 떨어뜨려 놓고 싶은 존재가 되고 싶은 건 아닐 테니까요. 욕을 써야만 친구가 되는 아이보다는 좋은 말을 쓰는 다른 아이와 친구가 되는 것이 더 좋지 않을까요?

욕에는 실제로 나쁜 기운이 실려 있어요

말은 자신의 인격을 표현하는 하나의 방법이에요. 욕을 비롯해 좋지 않은 말을 하는 건 "나는 함부로 대해도 되는 사람이에요."라고 표현하는 것과 마찬가지랍니다. 실제로 욕에는 나쁜 기운이 담겨 있기도 해요.

 욕에 대한 유명한 실험을 알려 줄게요. 유리병 두 개에 밥을 담았어요. 한 병에는 칭찬을 했고, 다른 한 병에는 욕을 했지요. 그랬더니 칭찬을 한 병의 밥에서는 누룩처럼 구수한 냄새가 났고, 욕을 한 병의 밥에서는 썩은 냄새가 났다고 해요. 욕이 얼마나 좋지 않은 기운과 영향력을 끼치는지를 알려 주는 실험이에요. 이런 나쁜 영향력을 주는 욕은 하는 사람에게도, 듣는 사람에게도 좋지 않겠지요.

어떤 이유에서든지 욕을 하는 것은 좋지 않아요. 화가 나도 함부로 욕을 하는 것은 좋지 않아요. 농담 혹은 장난으로라도 해서는 안 되지요. 욕은 상대방의 마음에 상처를 주고 존엄성에 타격을 입히는 행위이기 때문이에요.

게다가 욕은 자기 자신의 인격을 낮추는 행위랍니다. 욕하는 자신의 모습을 본 적이 있나요? 한 번 동영상으로 찍어 본다면 자신의 모습이 어떻게 비춰지는지 알 수 있을 거예요. 자신을 위해서라도 욕을 하는 것은 좋은 행동이 아니랍니다.

엄마, 이렇게 도와주세요

욕을 하는 제 마음을
읽어 주세요

여러분 또래에 욕은 하나의 트렌드로 자리 잡았지요. 모든 부모들은 자기 아이만은 욕을 하지 않는다고 믿고 있지만, 욕하지 않으면 왕따를 당하는 게 현실이기도 해요. 아마도 여러분은 집에서는 아닌 척하지만 대부분 학교나 밖에서는 욕을 하고 있을지도 모릅니다.

여러분에게 무조건 "나쁘니까 하지 마!"라며 욕을 못하게 할 수는 없을 것 같아요. 부모님이 욕을 할 수밖에 없는 요즘 또래 관계를 이해해 주신다면 더 좋을 것 같습니다. 여러분과 솔직하게 대화를 나누는 편이 오히려 더욱 도움이 되거든요.

부모님이 여러분의 마음에 뭔가 응어리진 것도 풀어 주고, 스트레스를 받은 것도 이해해 주고, 여러분의 마음을 뭐든지 받아 줄 수 있다면 아마 여러분도 더 이상 욕을 하고 싶지 않다는, 건강한 마음이 만들어질 것입니다.

자꾸만
짜증이
나요

　마음의 상처는 불안을 만들고 불안은 분노를 만들어요. 그래서 분노가 많은 사람들의 마음을 잘 살펴보면 불안이 많이 쌓여 있다는 걸 알 수 있어요.

　특히 어릴 때 상처를 받으면 다양한 감정 중에 특히 불안한 감정이 많이 생기거든요. 그 불안을 풀지 않고 계속 놔두면 화, 짜증, 분노가 생겨나요.

　짜증은 분노의 약한 표현이에요. 화를 내지 못하니까 약한 화를 내는 것이 바로 짜증이거든요.

선생님의 딸 예은이도 언젠가부터 짜증을 많이 부렸어요. 짜증 섞인 목소리와 눈빛으로 선생님을 대했지요. 그건 예은이가 상처를 많이 받고 있다는 증거였어요.

"예은아. 짜증 내도 괜찮아. 그런데 무슨 일 때문에 그러는지 알려 줄 수 있겠니?"

예은이는 있는 대로 짜증 내면서 이야기를 시작했어요.

"알림장을 잘 쓰려고 했는데, 글씨가 예쁘게 안 써지는 거야. 근데 옆자리에 앉은 진우가 툭 치는 바람에 글씨가 더 엉망이 되어 버렸어. 아, 정말 짜증 나 죽겠어!"

"아, 그랬구나. 짜증 날 만하네. 네가 글씨를 제대로 쓰면 정말 잘 쓰잖아."

그러자 어느새 예은이의 목소리가 부드럽게 변하기 시작했지요.

우리는 대체로 두 가지 이유로 화가 나요. 하나는 누군가에게 상처를 받아서고, 다른 하나는 그 누구도 자신의 상처받은 마음을 받아 주지 않아서지요. 예은이는 선생님이 자신의 말을 들어 주어서 짜증이 조금 풀렸던 거예요.

짜증을 낸다고 화가 풀리는 건 아니에요

앞에서도 이야기했지만 사람은 상처 없이는 살 수 없어요. 상처가 꼭 대놓고 때리거나 욕하는 걸로 생기는 건 아니에요. 무시나 비난, 빈정거림, 눈을 흘기는 것도 상처가 되지요. 상처를 받을 때마다 모두 짜증을 낸다면 어떻게 될까요? 나는 물론이고 주변 사람들도 즐겁지 않을 거예요. 어쩌면 더욱 화를 낼지도 모르지요. 왜 짜증을 내냐고 따지면서 말이에요.

짜증을 내는 것은 마음의 화를 푸는 데 별 소용이 없답니다. 그렇다면 짜증이 나는 걸 어떻게 하면 좋을까요? 무조건 참는 건 절대 좋지 않다는 걸 알고 있지요? 혹시 《완득이》라는 책을 읽어 보았나요? 이 책에 짜증을 해소하는 좋은 방법이 등장해서 잠깐 이야기해 볼까 해요. 주인공 완득이는 고등학생이에요. 공부를 못하고 친구들과 어울리지도 않고 싸움만 하는 문제아지요. 그래서 친구들은 완득이를 싫어하지만 사실 완득이는 불쌍한 사람들을 도와주고 부모님을 가엽게 생각하는 착한 마음씨를 가지고 있어요.

이런 완득이의 속내를 아는 담임 선생님은 완득이에게 말을 걸고 킥복싱을 권해요. 완득이는 처음에는 담임 선생님이 귀찮다고 생각하지요. 하지만 킥복싱을 하면서 세상에 대한 분노를 마음껏 내뿜고 해소하게 돼요. 마음의 화가 풀리자 완득이는 담임 선생님의 진정성을 알게 되고, 마음의 문을 열게 되었답니다.

킥복싱은 완득이의 마음속 상처를 치료하는 치료약이었던 거예요. 만일 완득이가 킥복싱을 하지 않았더라면 차곡차곡 쌓인 분노로 마음이 병들고 말았을 거예요.

선생님이 여러분에게 완득이처럼 킥복싱을 권하는 건 아니에요. 킥복싱 대신 여러분에게 맞는 활동이나 그림, 음악 등으로 마음의 화를 다스려 보는 건 어떨까요? 운동이나 노래, 그림 그리기 등 좋아하는 활동을 하면 마음의 화가 풀리기도 하거든요.

또 짜증이 날 때는 부모님 혹은 친구에게 지금 기분에 대해 이야기하는 것이 좋아요. 이야기를 하다 보면 자연스럽게 기분이 한결 풀린답니다.

상처를 주는 사소한 말

사실 짜증 나는 마음은 하루에도 몇 번씩 생길 수 있어요. 사람은 사소한 일에도 쉽게 상처받을 수 있거든요. 거꾸로 생각해 보면 남들도 나처럼 쉽게 상처를 받을 수 있어요. 그렇기 때문에 누구나 자기도 모르는 사이에 남에게 상처를 줄 수도 있답니다.

친구와 말장난을 하는데 갑자기 친구가 화를 낸 적이 있나요? 그건 친구가 내 말에 상처를 받았기 때문이에요. 평소 살찌는 걸로 고민하는 친구에게 조언을 하는 마음으로 "너 예뻐지려면 살 좀 빼."라고 하면 친구가 도리어 화를 낼 수 있어요. 내 입장에서는 조언이지만 친구에게는 상처를 주는 말이기 때문이에요.

그래서 다른 사람을 대할 때는 상대가 어떤 일에 상처를 받는지 세심하게 신경 써야 해요. 그래야 서로 간에 상처를 줄일 수 있거든요.

어떤 친구들은 "나는 친구들한테 상처 준 적이 없어. 오히려 친구들에게 내가 상처를 받지."라고 해요. 이건 남이 나에게 상처만 준다는 피해 의식에서 나온 말이에요. 내가 남에게 상처를 주었는지 나는 절대 모르거든요. 다른 사람만이 알 수 있지요. 절대 모르는 걸 어떻게 준 적이 없다고 할 수 있나요?

이러한 피해 의식은 결코 좋지 않아요. ==피해 의식은 아무리 좋은 친구라도 자꾸만 의심하게 하고, 나쁜 친구라고 생각하게 만들거든요. 이런 피해 의식으로 친구를 대하면 결국에는 좋은 친구들을 모두 잃게 될 거예요.== 친구는 서로 믿는 과정에서 더 깊어지는 관계거든요.

엄마, 이렇게 도와주세요

제가 짜증을 낼 때는
함께 짜증을 내지 마세요

짜증과 분노가 많아질 때 부모님이 덩달아 화내고 소리 지른다면 어떻게 될까요? 그러면 짜증이나 분노가 더 커지게 되기 십상이지요. 그러면 부모님도 여러분의 화를 감당하기 어려울 수 있어요. 그렇기 때문에 부모님이 여러분의 짜증을 최대한 부드러운 태도로 잘 받아 주는 것이 좋답니다.

이때 부모님도 마음속에 상처가 있다면 부드럽게 여러분의 짜증을 받아들이기가 어려울 거예요. 그럴 경우에는 우선 부모 자신의 상처부터 치유하고 해결해야 합니다.

7세 전후가 되면 어린이들은 짜증으로 자신의 감정을 대신하게 됩니다. 이때 부모가 어린이의 짜증을 잘 받아 주지 않으면 어른이 되어서도 짜증으로 감정을 표현하게 됩니다. 그래서 나이 든 어른들이 자기 분노를 참지 못해 소리 지르며 화를 내는 모습을 많이 보게 되는 겁니다. 이것은 7살짜리 유아의 상태를 못 벗어난 것이라고도 할 수 있습니다.

따라서 부모님도 치유와 성숙이 이루어져야 한답니다. 그래야 눈에 넣어도 아프지 않은 여러분의 짜증마저도 사랑스럽게 받아들일 수 있게 되는 것입니다.

아무도
나와
친구하지
않아요

　친한 친구들에게 소외 당한 경험, 반 아이들에게 따돌림을 당한 경험은 마음에 커다란 상처를 남겨요. 이 세상에 나 혼자인 것 같은 느낌, 누구도 나를 이해해 주지 못하고 내 편이 없는 것 같은 기분에 사로잡히지요.

　예은이도 자주 전학을 가면서 따돌림을 당한 적이 있어요. 한번은 전학을 간 학교에서 아이들 넷이서 예은이를 따라오면서 놀리고 돌을 던진 적이 있어요. 예은이는 물론 엄마인 선생님에게도 커다란 상처를 남긴 일이었어요. 당사자인 예은이가 받은 상처는 얼마나 컸을까요.

아마 예은이를 괴롭힌 아이들도 자신들이 무슨 짓을 하는지 정확하게 몰랐을 거예요. 그런 행동이 그것을 당하는 사람에게는 씻을 수 없는 고통이 된다는 것을 잘 알지 못했을 거예요. 만일 자신들이 한 행동이 그렇게 심한 고통을 준다는 걸 알았다면 그렇게 하지 못했을 테니까요.

따돌림의 경험은 자존감을 크게 떨어뜨려요

예은이는 그 일 이후로 급격하게 불안해했어요. 말수가 줄어들고 더욱 소심해졌지요. 예은이는 반에서 나를 좋아하는 아이는 한 명도 없다고 생각하는 것 같았어요. 그때 예은이는 가장 힘든 점이 바로 아무도 자신의 편이 되어 주지 않는 거라고 말했어요. 예은이의 자존감은 크게 떨어졌던 것이지요.

예은이는 따돌림을 당하는 이유를 자신에게서 찾는 것 같았어요. 자신이 무언가 부족해서, 무언가 잘못해서 따돌림을 당하는 것 같다고 생각했지요. 자신이 어떤 말과 행동을 해서 따돌림을 당한다고 여기는 것 같았지요.

　하지만 **따돌림은 가해를 하는 측의 문제예요. 따돌림을 하는 사람이 문제를 일으키는 것이므로 원인은 가해하는 측에 있답니다. 피해를 당하는 사람은 아무 문제가 없어요.** 그런데 피해를 당하는 측은 자존감이 낮아진 상태여서 자신에게 문제의 원인을 찾기 쉬워요.

선생님은 예은이에게 이렇게 말해 주었습니다. "엄마는 어떤 일이 있어도 너의 편이야."라고요.

따돌림을 당하고 있다면 이것 하나만은 꼭 떠올려 주었으면 좋겠어요. 이 세상에 내 편이 되어 주는 사람은 반드시 있다는 것을요. 아무리 고립되어 있어도 언제나 내 편을 들어주는 부모님이 계시니까요. 그리고 반에서도 나를 지지하는 사람들은 분명히 있어요. 그저 드러나 보이지 않을 뿐이지요.

따돌림이라는 어두운 터널을 걷고 있지만 분명 그 터널은 끝이 나요. 때로는 시련 때문에 곁에 아무도 없다고 느끼는 순간이 오기도 해요. 하지만 명심할 것은 그때 나는 혼자가 아니라는 사실이에요. 누구나 심리적인 고통을 겪을 때는 고립감을 더욱 느끼게 된답니다. 외로움이 너무 커지면 탈출구가 없다고 느껴지기도 해요. 그래서 돌이킬 수 없는 선택을 하기도 하지요. 눈을 돌리고 주위를 살펴보면 자기 곁에 누군가가 있다는 사실을 모른 채 말이지요.

그러므로 믿어야만 한답니다. 내 곁에는 항상 누군가 있다는 것을 말이에요. 따뜻한 시선으로 나를 보고 내가 잘되기를 바라는 누군가가 있다는 것을 기억해야 해요. 그 누군가의 도움이, 따뜻한 손이 절실할 때는 나를 도와 달라고 꼭 이야기를 해야 해요. 도움을 요청한다면 더욱 적극적으로 외롭고 힘든 상황을 벗어날 수 있을 거예요.

따돌림을 이겨 낼 수 있어요

내가 왕따를 당했다고 해서, 나에 대해 실망하거나 수치스러워 할 필요가 없어요. 말했듯이 따돌림은 가해하는 측의 문제이기 때문이에요. 밝고 건강한 사람도 따돌림의 피해를 당할 수 있어요. 그러니 따돌림을 당했다고 해서 자신을 탓할 필요가 전혀 없습니다. 그리고 이것을 이겨 내도록 자신을 믿고 필요하면 도움을 요청하는 것이 중요해요.

역사상 유명한 사람들도 어릴 적 따돌림을 겪기도 했었답니다. 만유인력의 법칙을 창안한 과학자 뉴턴은 어린 시절에 친구에게 괴롭힘을 당하는 왕따였지요. 하지만 뉴턴은 책을 보며 힘든 마음을 달랬고, 그 시절을 지나 훌륭한 과학자로 성장할 수 있었어요.

발명가 에디슨도 엉뚱한 생각을 한다고 해서 친

구들에게 따돌림을 당했어요. 천재 과학자 아인슈타인도 어린 시절에 공부를 못한다는 이유로 왕따를 당했지요. 이들은 모두 따돌림을 이겨 내고 자신의 삶을 지켜 내 훌륭한 사람이 되었어요.

  이것은 몇몇 위인들만 가능한 이야기가 아니랍니다. 나 자신을 믿고 지켜 내려고 노력한다면 따돌림에서 벗어날 수 있다는 걸 잊지 마세요.

엄마, 이렇게 도와주세요

외로워하는 저에게
"엄마, 아빠는 무조건 네 편"이라고 말해 주세요

여러분에게는 부모는 항상 '내 편'이라는 인식이 있어야만 해요. 꼭! 그렇지 않으면 여러분은 어디에도 내 편이 없다는 생각에 외로워하고 힘들어할 수 있어요. 만약 부모가 "우리는 항상 네 편"이라고 여러분에게 충분히 말해 주지 않으면 아마 여러분은 부모가 그 어떤 경우에라도 내 편을 들어준다는 생각을 하지 못할 거예요. 그래서 부모님은 그것을 꼭 말로 표현해 주어야 해요.

"엄마는 항상 네 편이야. 네가 비록 실수를 해도 이것은 변함없어."
"아빠는 언제나 너를 믿고 사랑해. 설령 네가 잘못하는 행동을 하더라도 너를 사랑한단다."

부모님의 이런 말이 여러분의 영혼을 살찌우고 심리적인 안정감을 갖게 합니다. 어린이 여러분은 이 세상을 살아가는 동안 어쩌면 세상의 삭막함과 팍팍함을 느끼게 될 수도 있어요. 누구도 내 마음을 알아주지 못하고 날이 갈수록 자기편은 없다고 생각하게 될지도 몰라요.
그럴 때 부모님의 이 말은 외로움을 버텨 낼 힘이 되어 줍니다. 우리의 머리와 가슴을 지나 영혼까지 깊이 새겨지도록 꼭 진심으로 말해 주세요.

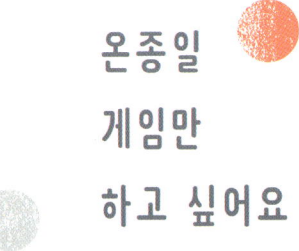

온종일 게임만 하고 싶어요

하루는 매일 비슷하게 흘러가고, 친구들과도 재미있게 놀기만 하면 좋겠지만 사실 많이 싸우기도 해요. 현실은 내 마음대로 안 되는 일투성이지요. 해야 할 일만 잔뜩 있어서 어디론가 피하고 싶기도 해요. 그럴 때 자주 도망치는 또 다른 세상이 있어요. 바로 스마트폰 게임이에요.

스마트폰이나 게임이 현실보다 무척 재미있고 자극적인 것이 많은 세상이라는 것은 선생님도 잘 알고 있어요. 어른들도 스마트폰이 없으면 불안해하고 그 속에 빠져 지내는 사람들이 꽤 많거든요. 그런데 이렇게 스마트폰이나 게임을 하다가도 해야 할 일이 있을 때는 현실로 와서 내 생활을 하는 것이 보통이지요.

만일 해야 할 일이 있어도 스마트폰이나 게임만 하거나, 혹은 하루 온종일 게임만 하고 싶다면 이것은 스마트폰이나 게임이 그저 재미있어서만은 아닐지도 몰라요. 어쩌면 내 마음에 문제가 생겨서 혹은 내 마음이 너무 힘이 들어서, 그 여파로 게임에 빠져드는 것일지도 모르지요.

답답하고 힘든 마음을 풀 공간이 없거든요

게임 속 세상은 현실과는 아주 달라요. 무엇보다 풀기 어려운 현실 문제가 그곳에는 없고요. 마음에 들지 않는 내 모습도 게임에서는 감출 수 있거든요.

선생님의 상담실을 찾아온 석이의 이야기를 들려줄게요. 석이는 따돌림을 당해서 고등학교 1학년 때까지 친구가 단 한 명도 없었어요. 점심도 혼자 먹었고, 운동장에서도 늘 혼자 있었다고 해요.

그렇다고 가족이 석이에게 좋은 친구가 되어 준 것도 아니었어요. 아빠는 언제나 무섭기만 했고, 엄마는 늘 잔소리만 했거든요. 밖에서

도 집에서도 석이는 늘 혼자였던 거예요.

그런 석이에게 게임은 꿈의 세계였어요. 현실에서는 따돌림을 당하고 외톨이었지만, 게임 속에서는 달랐거든요. 나쁜 악당을 무찌르는 멋진 영웅, 신기한 마법을 구사하는 마법사, 힘 있는 지도자가 되었어요. 알다시피 게임 속 캐릭터는 게임을 하면 할수록 힘도 세지고 좋은 무기도 가질 수 있게 되잖아요.

그래서 석이는 캐릭터를 강하게 만들기 위해 잠시도 쉬지 않고 게임을 했어요. 제 아무리 힘센 악당이 나타나도 석이는 단칼에 없애고 멋진 마법으로 해치워 버리는 천하무적이 되었지요.

석이가 게임 속에서 큰 활약을 보이자 서서히 게임 속에서 친구들이 생겼어요. 석이는 정말 신이 났지요. 게임을 할 수 없었던 학교에서는 휴대폰으로 게임 친구들과 온라인 채팅을 했어요. 집에서는 밥 먹는 것은 물론 잠자는 것도 잊은 채 게임에 몰두했지요.

"게임 속에서만 살면 얼마나 좋을까?"

석이는 이제 게임을 하지 않고는 견딜 수 없게 되었어요.

현실의 문제를 풀어 줄 도움이 필요해요

석이가 선생님의 상담실을 찾아온 것은 게임 중독으로 문제가 제법 심각해진 후였어요. 처음 석이를 보았을 때 석이의 표정은 너무 무섭고 냉정했어요. 때로는 아무것도 생각하지 않는 무표정이었다가 때로는 몹시 귀찮은 듯 엎드려 있었지요. 말하는 것도 싫어했어요.

어떻게 하면 석이의 마음을 열 수 있을까요? 석이가 게임 중독이 되어 버린 것은 사실 현실의 문제 때문이기도 했어요. 현실에는 없는 것들이 게임 속에는 가득했으니까요. 석이에게 필요한 것은 아픈 마음을 알아주고 표현할 수 있게 하는 것이었어요. 그래야 게임 중독에도 벗어날 수 있거든요.

"석이야. 어떤 게임을 좋아하니?"

"석이는 다른 게임은 안 해?"

"선생님도 게임을 좀 해 볼까 하는데 어떤 게임을 하는 게 좋을까? 좀 추천해 줄래? 그런데 선생님은 너무 어려운 건 못해. 쉬운 걸로."

"석이가 추천한 게임을 해 봤는데 정말 재미있더라. 근데 바로 죽었어. 죽지 않으려면 어떻게 해야 해?"

석이에게 게임에 관해 계속 말을 걸자 점점 석이는 이야기를 하기 시작했어요.

선생님은 석이에게 하고 싶은 이야기를 글로 쓰라고 했고, 그림으로 그려도 좋다고 했어요. 가끔 소리 내어 책을 읽어도 보고, 음악을 듣기도 했지요. 글이나 그림은 아픈 마음을 표현하는 아주 좋은 방법이거든요. 책이나 음악은 마음을 편안하게 만들어 주고요.

"석이야. 오늘은 글씨 쓰는 게 귀찮은 모양이네. 그럼 한 글자로 마음을 표현해 볼래? 지금 가장 생각나는 단어 한 개."

"오늘 아침, 눈을 떴을 때 어떤 기분이었니? 너의 마음을 한 번 그려 봐."

"게임을 하고 있을 때 너의 기분을 그려 볼래?"

이렇게 마음을 표현하도록 꾸준히 시도해 보자 석이는 자신이 따돌림을 당한 사실과 그래서 너무 힘들다는 이야기를 털어놓았어요.

놀랍게도 석이도 게임을 온종일 하는 걸 원하지 않았대요. 그런데 게임에서 벗어나고 싶어도 그게 잘되지 않는다는 이야기도 털어놓았지요.

==그저 게임 중독이라고만 생각했던 석이는 사실 도움이 절실하게 필요한 상태였던 거예요. 함께 어울릴 친구가 없다는 것, 나약한 자신이 문제라는 것, 따돌림으로 마음의 상처가 깊다는 것, 그 상처에 아무도 관심을 기울이지 않는다는 것, 이러한 현실의 문제를 해결하==

기 위한 도움이 필요했어요. 그리고 게임 중독에서 벗어날 도움도 말이에요.

게임 중독에서 벗어나는 방법을 알아보아요

선생님은 석이에게 게임 중독에서 벗어날 수 있는 몇 가지 방법을 알려 주었어요.

- 폭력적인 게임에서 폭력적이지 않은 게임으로 바꾼다.
- 컴퓨터에 깔려 있는 게임을 조금씩 지운다.
- 게임을 하는 시간을 점차 줄인다. 게임을 하고 싶을 때면 음악을 감상하거나 책을 읽는다.
- 게임에서의 모습이 현실에서의 모습이 아니라는 것을 항상 생각한다.
- 매일 1시간씩 운동을 하고 심심하면 집에 있지 않고 밖으로 나간다. 박물관, 서점, 공원 등을 다닌다.

그리고 석이의 부모님께도 석이와 가급적 많은 대화를 나누도록 부탁했지요. 석이가 게임에 빠져드는 이유는 외로움과 마음의 상처 탓이 크니까요. 게임 중독에서 벗어나려면 가능한 한 집에 있는 것보다는 운동이나 여행 등 야외 활동을 하는 것이 좋다고 말씀드렸어요.

정말 다행스럽게도 석이와 석이 부모님은 선생님의 조언대로 생활하기 위해 노력했어요. 주말이면 함께 캠핑을 다녔고, 평일에는 야구, 축구, 농구, 산책 등을 했지요. 이런 노력 덕분에 석이는 게임에서 점점 빠져나올 수 있었어요. 변화는 그것만이 아니었어요.

석이의 표정은 한층 밝아졌어요. 몸도 꽤 건강해졌답니다. 하지만 석이의 이런 변화에도 학교의 따돌림 문제는 쉽사리 해결되는 것은 아니었어요. 그래도 석이는 전처럼 절망하지 않았어요. 지금은 좀 힘들어도 곧 좋아질 거라고 생각했어요. 그리고 좋은 친구를 사귀게 될 거라고 믿었지요.

엄마, 이렇게 도와주세요

우리가 게임만 하는 데는 이유가 있답니다

우리는 스트레스를 풀려고 게임을 하기도 하지만, 외롭거나 화가 날 때, 그런 현실을 잊고 싶을 때 게임에 더 빠져들어요. 엄마가 여러분에게 아무 신경을 쓰지 않을 때, 공부하라고 잔소리만 할 때 무작정 게임 속으로 도망가고 싶어져요. 컴퓨터 게임 속에서는 나를 무시하거나 공부하라고 소리치는 사람이 아무도 없으니까요.

여러분에게는 "공부해!", "숙제 다 했어?" 하는 잔소리가 아닌, 부모님의 진정한 관심이 필요해요. 오늘 하루는 어떻게 지냈는지, 친구들이 괴롭히진 않았는지 혼내는 눈빛이 아닌 다정한 눈빛과 목소리로 대해 주세요. 그럼 여러분도 마음을 열고 엄마에게 다가갈 수 있을 거예요.

설령 여러분이 쑥스러워서 쌀쌀맞거나 무뚝뚝하게 말해도 부모님의 끊임없는 사랑과 관심으로 다가와 주시면 서서히 나아질 거예요.

말로만 사랑한다고 하지 말고 행동과 태도에서 사랑을 표현해 주세요. 그렇게 되면 더는 외로움을 느끼지 않고 게임에도 심각하게 빠지지 않을 거예요. 왜냐하면 게임 속에서는 절대로 느낄 수 없는 엄마의 따뜻한 사랑을 느낄 테니까요.

사람들 앞에 서면 주눅이 드는 내 성격이 싫어요

　세상에는 다양한 성향의 사람들이 있어요. 외향적인 사람, 내성적인 사람, 기질이 강한 사람, 마음이 여린 사람……. 그런데 많은 어린이 친구들이 내성적인 성격을 안 좋게 생각하는 것 같아요. 특히 남자아이의 경우는 아주 심하지요.
　"나는 말도 잘 못하고, 부끄러워서 발표도 잘 못해. 정말로 멍청해."
　하지만 이런 생각은 몹시 잘못된 것이에요. 내성적인 성격은 결코 부끄러운 것이 아니거든요. 오히려 아주 장점이 많은 성격이지요. 내성적인 성격의 장점을 살펴볼까요?

내성적인 성격의 사람은 감성적이고, 말을 논리적으로 잘할 수 있어요. 매사에 침착해서 차분히 생각하고 행동하지요. 이렇게 장점이 많은데 왜 내성적인 성격을 좋지 않게 생각하는 걸까요? 특히 왜 남자가 내성적이면 안 된다고 생각하는 걸까요?

내성적인 성격이 나쁜 게 아니에요

"남자가 그렇게 심약해서 되겠어?"
"사내아이가 저렇게 수줍음이 많아서 어디에 쓰지?"
"남자는 씩씩하고 박력 있어야 해."

이 말들이 낯설지 않게 들리는 건 아주 어릴 적부터 우리가 자주 들어온 말이기 때문이에요. 사회에서 그리고 어른들이 흔히 하는 말들을 어린이들도 자주 듣게 되지요. 은연중에 남자는 내성적이면 안 된다는 생각을 갖게 되는 거예요.

하지만 남자든 여자든 사람은 태어날 때부터 타고난 성향이 있어요. 이것은 어느 쪽도 옳고 나쁨이 없어요. 더 열등하거나 우등한 것도 없답니다.

내성적인 아이가 성격에 대한 핀잔이나 꾸지람을 듣는다고 해서 외향적인 성격으로 변하는 게 아니에요. 더 주눅 들고 자신감이 없어지지요. 내성적인 성격의 단점만 커지기 쉬워요.

또 외향적인 성격을 타고나도 어렸을 때 칭찬보다 꾸지람이나 핀잔, 비난을 많이 듣는다면 사람들 앞에서 주눅이 드는 성격이 되기도 해요.

선생님이 치료한 한 아이의 엄마는 초등학교 6학년 아들의 성격을 걱정했어요. 지나치게 내성적이라고 생각해서 성격을 고치고자 '해병대 캠프'에 보냈지요. 엄마는 내성적인 아들이 못나 보였대요. 그래서 늘 잔소리를 했다고 해요.

"너는 왜 그 모양이니? 어깨 좀 펴고 당당하게 다녀!"

"남자는 좀 터프하고 진취적이어야 해. 너처럼 얌전히 있다가는 무시 당해."

엄마의 이 말은 아이에게 큰 상처를 주었어요. 아이는 자신이 진짜 그런 못난 아이라고 믿게 되었어요. 그래서 더욱 내성적으로 변해 버렸지요. 그런데 그런 아이를 해병대 캠프에 보낸 거예요.

아이는 해병대 캠프에 있는 동안 내내 두려움에 떨었어요. 많은 아이들이 씩씩하게 훈련을 받을 동안 아이는 엄격한 군관의 목소리에 벌벌 떨었어요. 다른 아이들처럼 발 빠르게 움직이지 못해서 늘 야단맞았지요. 성격을 고치기 위해 갔던 그곳에서 아이는 오히려 더 힘든 상황을 맞게 된 거예요. 결국 심한 우울증과 공황 장애를 겪어서 상담실까지 오게 된 거지요.

하지만 성격은 고칠 필요가 없어요. 타고난 성격은 고치기도 힘들어요. 다만 자신의 성격이 가진 장점을 더 크게 만들면 된답니다. 세상에 못난 사람은 없어요. 모든 사람은 다 소중하고 존중받아야 하는 존재예요. 그러니 자신의 성격이 내성적이라고 주눅 들 필요가 전혀 없답니다.

나는 어떤 성격일까요?

내 성격의 장점과 단점은 무엇일까요? 이번에는 각각의 성격에 대해 좀 더 살펴보려고 해요. 사람의 성격은 외향적인 성격과 내성적인 성격으로 크게 나뉘어요. 먼저 외향적인 성격인 사람은 대인 관계가 폭넓어요. 사교적이어서 많은 친구들을 동시에 사귈 수 있지요. 활동적이어서 어떤 활동이든 적극적으로 참여해요. 글보다는 말로 표현하는 걸 좋아하고 생각보다 행동이 앞서는 편이에요.

내성적인 사람은 깊이 있는 대인 관계를 맺으며 소수의 친구를 사귀어요. 조용하고 신중하게 행동하지요. 또한 정적인 활동에 집중하는 편이며 말보다 글로 표현하는 걸 더 좋아해요.

자신은 어떤 성격인지 궁금하다면 MBTI 검사를 해 보아도 좋아요. 성격을 유형별로 구분하는 검사인데, 전 세계에서 사용한답니다. MBTI 검사는 자신의 성격, 기질, 적성을 알려 줍니다.

자신의 성격을 정확히 알고 있으면 자신을 이해하는 데 도움이 되고, 다른 사람을 이해하는 데도 도움이 됩니다. 나와 다른 사람을 이해하지 못해서 상처받는 경우가 많거든요.

어떤 성격이든 장점도 있고 단점도 있어요. 그동안 장점을 몰랐다면 그것을 더욱 키우고, 부족한 부분이 있다면 보완하는 식으로 내 성격에 맞게 노력해도 좋습니다. 단, '나는 이런 성격 유형이니까 이렇게만 할 거야.' 식의 태도는 좋지 않아요. 이것은 스스로 더 좋은 인격체로 성장할 기회를 아예 없애는 것이나 마찬가지랍니다.

자신감은 성격과 관계없이 나를 믿는 힘에서 나와요

우리는 흔히 외향적인 성격이 자신감이 많고 내성적인 성격이 자신감이 적다고 생각해요. 하지만 그것은 사실과 달라요. 외향적인 성격이어도 자신감이 떨어지는 사람도 많답니다. 반대로 내성적이어도

==자신감이 있어 흔들림 없이 일을 잘 해내는 사람들도 많아요. 자신감은 사실 성격과는 관계가 없답니다. 바로 자기 스스로를 믿는 힘에서 나오는 거거든요.==

자신감이 넘치는 아이들은 어떤 상황에서도 주눅이 들지 않아요. 자신감이 없는 아이들은 매사에 쉽게 주눅이 들지요. 성격과 관련이 없는데, 그렇다면 왜 누군가는 자신감이 없는 걸까요? 그것은 자기 이미지가 나쁘게 굳어져 있기 때문이에요. 자기 이미지는 자존감과 아주 비슷한 말이랍니다.

혁이라는 아이가 있었어요. 혁이는 어릴 때부터 "못생겼다"는 말을 들으며 자랐어요. 할아버지, 할머니, 친척들은 그런 말을 자주 했던 거예요. 그래서 혁이는 자신이 정말 못생겼다고 생각했어요. 하지만 혁이는 아주 잘생긴 아이였어요. 갸름한 얼굴에 요즘 나오는 아이돌 가수 같았지요. 혁이가 선생님 상담실을 처음 찾아왔을 때 얼굴을 못 들고 눈도 못 마주쳤어요.

"혁아. 자신이 잘생겼다는 거 알아?"

"거짓말…… 저는 못생겼어요."

"아니야. 왜 그렇게 생각해?"

"저는 원래 못생겼어요."

혁이의 말이 얼마나 단호한지 선생님은 잠시 할 말을 잃었지요.

"혹시 어른들이 자주 그렇게 말씀하셨어?"

"네. 어렸을 때부터 항상 그러셨어요."

"아마 그건 너무 예쁜 아이에게 일부러 못생겼다고 반대로 이야기하는 옛 풍습 때문일 거야. 그런 얘기는 못 들었어?"

"요즘은 그런 얘기를 가끔 하시는데, 저는 안 믿어요."

"여기 거울을 한 번 봐. 네가 얼마나 잘생겼는데."

혁이는 좀처럼 고개를 들지 않았어요. 힐끔힐끔 거울을 보았지요.

"모르겠어요."

"너 자신을 못생겼다고 생각하니까 자신감이 안 생기는 거구나."

"……네."

혁이는 상담 시간 내내 자신감 없는 목소리로 아주 천천히 말했어요. 또 대답하기 전에 오랫동안 생각에 잠겼어요. 그때마다 '이런 이야기를 해도 될까?'하고 생각하는 것 같았어요.

말하는 것조차 조심스러운 아이를 보니 정말 마음의 상처가 크구나 싶었어요. 자꾸만 자신감을 잃게 하는 말을 들어 마음의 상처가 생긴 거예요. 혁이는 거울 속 잘생긴 자신의 얼굴을 직접 보아도 그것을 믿지 않았어요. 자기 자신을 믿을 수 없었던 거지요.

바보에서 천재가 되는 비결, 자신감

혹시 '국제멘사협회'라고 알고 있나요? 국제멘사협회는 전 세계 천재만 가입할 수 있는 국제 모임이에요. 빅터 아저씨는 국제멘사협회의 의장을 지낸 천재 중에 천재랍니다. 그런데 놀랍게도 빅터 아저씨는 17년 동안 바보로 살았다고 해요. 어린 시절 어눌한 말투로 인해 친구들에게 바보라고 놀림을 당했지요. 빅터 아저씨는 자신이 바보이고, 무슨 일이든 '나는 할 수 없다'고 생각했지요.

하지만 실제로 빅터 아저씨는 남들과 다른 생각을 하는 천재였어요. 그런 아저씨를 보고 선생님, 친구들은 바보라서 다른 생각을 한다고 본 거예요. 이런 바보 빅터 아저씨가 어떻게 천재가 될 수 있었을까요?

그것은 바로 '자신감' 덕분이었어요. 빅터 아저씨가 '나를 믿자'는 자신감을 갖게 되자 어눌했던 말투는 당당한 말투로 바뀌었어요. 그리고 무슨 일이든 멋지게 해낼 수 있었지요. 아마도 빅터 아저씨가 자신감을 가지지 못했으면 평생 바보로 살게 되었겠지요?

==자신감은 자신을 사랑하고 긍정적으로 생각하는 힘에서 비롯됩니다. 그러기 위해서는 자신의 단점보다는 장점을 더 바라보아야 해요.==

아주 작은 장점이라도 칭찬해 주고 더 아껴 주세요.

　이런 말이 있어요. 남에게 사랑받고 싶으면 나 자신을 먼저 사랑하라. 이 말은 자신을 사랑하는 사람이 남에게도 사랑받는 사람이 된다는 말이에요. 반대로 자신을 사랑하지 않는 사람은 남에게 사랑받기 힘들지요.

　나 자신을 긍정적으로 바라보기를 바라요. 그래도 괜찮아요. 나는 존재만으로도 사랑받을 가치가 있답니다.

엄마, 이렇게 도와주세요

내 성격을 있는 그대로 사랑해 주세요

어린이 여러분은 각기 다른 성향을 가지고 태어났어요. 그래서 부모님도 그 성향에 맞게 여러분을 양육해야 한답니다.

만일 여러분이 외향적이라면 부모님은 그 특징의 장점을 살려 여러분의 사기를 북돋워 주는 것이 좋을 거예요. 그리고 외향적인 성격의 단점을 보완하기 위해서 도움을 주어야 해요. 부모님은 여러분에게 신중하게 행동하는 법을 가르쳐 주고, 감정 조절을 도와야 합니다.

만일 여러분이 내성적이라면 혹시 부모님이 외향적인 성격이 되도록 채근하지는 않나요? 그것은 매우 좋지 않은 태도랍니다. 그렇게 한다면 여러분은 자기 성격에 대한 열등감만 생기거든요.

그보다는 부모님이 여러분의 내성적인 성격을 칭찬해 주는 것이 더욱 좋답니다. 내성적인 성격이 가진 장점이 얼마나 많은지 몰라요. 신중한 태도, 깊이 있는 관계, 생각부터 하는 태도 등 셀 수 없이 많아요. 그러니 여러분도 자기 성격을 사랑해 주세요. 자기 성격을 못마땅하게 여기면 더 소극적이 되므로 장점을 더욱 격려해 주어야 합니다.

만일 여러분이 자신감이 많이 떨어진 상태라면 부모의 응원과 격려가 각별히 필요합니다. 엄마, 아빠가 마음을 다해 여러분을 응원해 주는 것이 좋아요.

엄마, 이렇게 도와주세요

"지금의 네 전부를 사랑하고 받아들인단다. 그러니 잘하지 못해도 괜찮아."

이렇게 부모님이 여러분에게 자신감을 불어넣을 수 있는 말을 일관되게 해 주는 것이 필요해요. 그러면 여러분의 마음속에 자신감이 점점 생겨날 거예요. '부모님은 언제나 '내 편'이라는 의식'이야말로 자신감이 있는 아이로 자라게 만들어 주니까요.

죽으면 아무것도 안 해도 되잖아요

"죽으면 이까짓 공부도 안 해도 되고, 학교도 안 가도 되잖아요."

정말 놀랍게도 많은 어린이, 청소년들이 이런 생각을 해요. 최근 보도된 신문 기사에 따르면, 10대 자살률은 지난 2009년 10만 명당 6.5명까지 치솟은 뒤 하향세를 보였지만 2017년 4.7명, 2018년에는 5.8명으로, 다른 연령대에서는 자살률이 떨어지는데 유일하게 10대 자살률이 늘었다고 해요.

더욱 심각한 건 전문가들이 이런 추세가 계속될 것으로 보인다고 말했다는 거예요. 아이들이 살고 싶어 하지 않는 세상에 그 어떤 희망이 있을까요?

　사람들은 힘든 일이 있을 때 무심결에 죽고 싶다는 말을 해요. 무의식 중에 늘 죽고 싶다는 생각을 하는 거지요. 슬퍼서 죽고 싶고, 외로워서 죽고 싶고, 인정받지 못해서 죽고 싶고, 공부를 못해서 죽고 싶고…….

　그 모든 죽고 싶은 마음 이면에는 사실 얼룩진 기억과 흉터가 있어요. 그것은 공부를 잘하든 못하든, 돈이 많든 적든, 얼굴이 예쁘든 못났든 상관이 없답니다.

　공부를 못하는 아이는 공부만 잘하면 행복해질 거라고 생각해요. 돈이 없는 사람은 돈만 많으면 행복해질 거라고 해요. 외모가 맘에 들지 않은 사람은 예뻐지기만 하면 행복해질 거라고 생각합니다. 그런데 과연 그럴까요?

　돈이 많은 사람도 또 다른 불행 때문에 괴로워하고 자살의 유혹에 시달려요. 공부를 잘하는 아이는 자신보다 더 뛰어난 능력을 지닌 아이로 인해 자괴감을 느끼지요. 얼굴이 예쁜 연예인도 자살 시도를 하는 뉴스가 들려오기도 해요. 불행해 죽을 것 같은 내 현실이 누군가에게는 부러운 현실일 수도 있다는 것이지요.

나는 뭘 해도 잘 안 될 거라고요?

죽고 싶은 마음이 가득한데 겉으로만 아닌 척하며 살 수 있을까요? 그 마음은 얼굴에 나타나 어둡고 우울해 보여요. 게다가 무슨 일이든 열심히 하지 않아서 일도 잘되지 않는답니다. 죽고 싶은 마음 뒤에는 '나는 뭘 해도 안 돼'라는 무서운 생각이 자리하고 있기 때문이에요. 따라서 죽고 싶다는 생각이 마음속에 있는 한 무슨 일을 해도 실패하고 좌절만 느끼게 된답니다. 그러면 또 죽고 싶은 생각만 들게 되지요. 그야말로 악순환에 빠져요.

죽음 따위는 생각해 본 적이 없는 루게릭 환자

스티븐 호킹 박사는 영국의 유명한 물리학자예요. 아인슈타인에 버금가는 과학자로 꼽히는 물리학자이지요. 그런데 스티븐 박사는 루게릭 병을 앓고 있었어요. 루게릭 병을 앓으면 온몸의 근육이 점점 퇴화되어 갑니다. 그러다 손, 다리 어느 것 하나도 마음대로 움직이지 못하게 되는 무서운 병이랍니다. 나중에는 호흡기 근육까지 퇴화

시켜서 스스로 숨을 쉴 수 없어 죽게 되지요.

스티븐 박사는 스물두 살쯤 이 병에 걸렸고, 의사 선생님은 스티븐 박사가 곧 죽게 될 거라고 했어요. 하지만 의사 선생님의 예상은 빗나갔어요. 스티븐 박사는 시한부 판정을 받고 자포자기하는 사람들과는 달랐거든요. 스티븐 박사는 욕조에 물을 받아 숨 참기 연습을 하며 호흡기 근육을 강화시키는 등 차분하게 이 병을 준비했어요.

시간이 지나 입술의 근육이 약해져 발음이 흐려지자 친구들의 놀림을 받았어요. 하지만 스티븐 박사는 개의치 않았어요. 심지어 손가락의 근육이 약해져서 종이 한 장도 들 수 없게 되었지요. 짧은 거리를 걸을 때도 너무나 많은 시간이 필요했어요. 그래도 스티븐 박사는 상관하지 않았어요. 대신 열심히 공부를 했어요. 그 결과 그 누구도 할 수 없는 큰 업적을 물리학계에 남겼지요. 비록 몸의 근육이 퇴화되어 휠체어에서 생활하지만 아주 건강한 정신을 가진 사람이었어요.

스티븐 박사가 대단한 것은 그가 아주 똑똑해서가 아니에요. 옆에서 지켜보는 사람조차 힘겨울 만큼 힘든 순간에도 포기하지 않고 꿋꿋이 자신의 삶을 살았다는 것이 대단하지요. 스티븐 박사는 단 한 번도 죽음을 생각해 본 적이 없다고 해요. 아마도 스티븐 박사의 마음에 긍정이라는 꽃이 가득 피어 있기 때문이 아니었을까요?

세계적으로 유명한 코미디언 찰리 채플린은 이런 말을 남겼어요.

"빈민 수용소에 있을 때나 먹을 것을 구하기 위해 길거리를 방황할 때도 나는 내가 세계 제일의 배우라고 믿었다. 어린아이가 한 생각이라 어이없게 들리겠지만, 그래도 나는 그렇게 강한 믿음을 갖고 있었고, 그것이 나를 구했다. 그런 확신이 없었다면 나는 고달픈 인생의 무게에 짓눌려 일찌감치 삶을 포기해 버렸을 것이다."

자살, 그 절망의 벼랑에서 빠져나오는 방법

사람은 마음에 따라 몸이 움직이기 때문에 어떤 마음을 먹느냐가 아주 중요해요. 마음이 아픈 사람은 부정적으로 움직여 우울증에 걸려 자살 충동을 느낄 수도 있어요. 그럴 때는 정신을 바짝 차리고 살아서 이겨 내겠다는 결심을 해야 합니다. 만일 혼자 힘으로 이겨 내기가 힘들다면 주변에 도움을 청해야 해요.

내 주변에는 진심으로 마음을 열고 다가가면 내 이야기를 들어 줄 사람들이 의외로 많이 있거든요. 부모님은 그럴 때 가장 먼저 내 이야기를 들어 줄 사람이 될 거예요. 죽고 싶다는 속마음을 꺼내어 털어놓는 것만으로도 조금 해소될 수 있어요. 그리고 언제나 어떤 일이 있어도 세상에는 내 편이 많이 있다는 것을 꼭 잊지 말아요.

　매일 자신의 마음을 들여다보아요. 마음에 긍정적인 마음이 가득한지 부정적인 마음이 가득한지 점검해 보세요. 나도 모르는 사이에 죽고 싶다는 생각이 내 마음을 점령하지 않았는지 날마다 체크해 보기를 바라요.

　나쁜 생각은 눈치 못 채는 사이에 문제를 일으키거든요. 부정적인 마음이 많다면 그것을 빨리 내보내려고 노력해야 해요. '괜찮다'고 스스로에게 말해 주세요. 혼자서 마음을 챙기기 힘들다면 꼭 부모님과 친구 등 주변 사람들에게 도움을 청해야 해요.

엄마, 이렇게 도와주세요

"죽고 싶다"는 말을 흘려듣지 마세요

어린이가 '죽고 싶다'고 말을 한다는 것은 매우 심각하게 받아들여야 할 문제랍니다. 그것이 전조 증상일 수도 있기 때문입니다. 슬프지만 아주 어린아이들도 자살하는 일이 벌어집니다. 이보다 더 불행하고 슬픈 일이 어디 있을까요? 더 슬픈 일은 어린아이가 죽고 싶어하는데도 부모가 알아채지 못하는 것입니다. 부디 어린 여러분의 마음속에 일렁이는 부정적인 물결을 부모님께서 신속하게 알아차려 주시길 바랍니다. 그 황량한 마음속을 부모의 사랑으로 채워 주세요. 사랑을 꾸준히 표현하고 감싸 준다면 여러분은 죽고 싶다는 생각에서 벗어나게 될 것입니다.

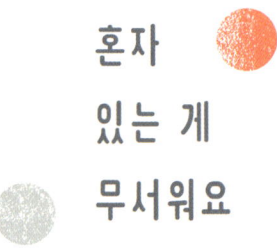

혼자 있는 게 무서워요

"지옥이 정말 있어요?"

"귀신이 나올까 봐 너무 무서워요."

어린이 친구들은 곧잘 이런 이야기를 해요. 선생님 딸 예은이도 그랬어요. 그런데 무서워하면서도 공포 영화나 만화를 즐겨 보고 무서운 이야기를 좋아하지요.

하지만 너무 어릴 때 공포 만화나 영화를 많이 보는 건 좋지 않아요. 무서운 생각이 머릿속에 박혀서 집중력을 떨어뜨리기 때문에요. 한번 무서운 장면을 보면 공부할 때도 잠자려고 누울 때도 자꾸 그 장면이 떠오르고 생각나거든요. 공부도 안 되고 잠도 잘 못자게 되지요.

예은이가 한번은 태권도 도장에서 아주 무서운 영화를 보았다고 했어요. 그 영화는 어린이들만이 아니라 어른들도 무서워서 못 본다고 할 만큼 꽤 무서운 영화였지요. 예은이는 그 영화를 보고 나서 한동안 잠깐 혼자 있는 것도 무서워했어요. 화장실에 갈 때도 무서워해서 항상 문을 열어 두어야 했지요.

지영이는 어느 날 교회에서 목사님이 무섭고 끔찍한 지옥에 대해 이야기하는 것을 듣고는 매일 밤마다 악몽을 꾸었다고 해요. 지옥에 가면 어떻게 해야 하나 너무 걱정이 되어 잠도 못 이루었지요.

영후는 끔찍한 영화를 보고 너무 놀라 기절했었대요. 그때부터 집 밖에 나가는 것도 무서워하고 잠도 자지 못해서 선생님의 상담실에 왔어요. 영후는 갑자기 심한 불안을 느끼는 공황 장애 증상을 보였지요.

진희는 학원에 갔다 돌아오는 길에 어떤 사람이 따라오는 바람에 겁에 질린 적이 있었어요. 다행히 나쁜 사람이 아니었는데 진희는 그 후 혼자 다니는 것을 너무 무서워해서 심리 치료를 받아야 했어요.

어린이들에게 공포는 꽤 치명적인 감정이에요

이처럼 뭔가 심하게 놀라면 그때부터 불안, 공포와 같은 감정에 한동안 시달리게 돼요. 어린이는 세상에 대한 경험과 객관적인 생각이 부족하기 때문에 이 감정에 더욱 휘둘리게 되지요. 그것이 점점 심해지면 대인 공포(사람에 대한 공포)가 생기고, 급기야 대인 기피 현상(사람을 피하는 현상)이 생기기도 해요. 이러한 증상이 더욱 심해지면 학교에도 못 가고, 방 안에만 있는 증상도 생길 수 있어요.

이 밖에 마음속 공포는 사람의 정서를 혼란스럽게 만들어요. 그래서 ADHD(주의력결핍 과잉행동 장애) 증상이 생기는 원인이 되기도 해요. 무서움은 우리가 느끼는 자연스러운 감정이지만, 너무 어린 나이에 무서움과 공포에 자주, 깊게 노출되는 것은 좋지 않답니다. 자기도 못 느끼는 사이에 마음의 불안을 자극하거든요. 좋은 것, 아름다운 것을 많이 보고, 세상에 대한 객관적인 기준과 생각이 만들어지면서 차차 노출되는 것이 좋답니다.

엄마, 이렇게 도와주세요

무서운 영화, 만화를 보여 주지 마세요

여러분 알고 있나요? 나이가 어릴수록 공포 영화, 만화는 치명적인 부작용을 낳는다는 것을요. 뇌에 각인된 공포에 대한 기억은 지워지는 데 오랜 시간이 걸립니다. 일단 공포가 머릿속에 가득하게 되면 주의력 결핍과 불안 증세가 생겨 산만해집니다.

그렇다고 해서 부모님이 어린이 여러분에게 또 공포 영화를 본다고 야단을 많이 쳐도 좋지 않습니다. 불안이 더 커지기 때문입니다. 부모님께서 여러분을 부드럽게 타이르고 유행하는 공포 영화, 공포 만화책에 대한 노출을 줄이는 환경을 만들어 주는 것이 필요합니다.

종교에 대한 가르침도 아직 어린 여러분의 나이대에 따른 주의가 필요합니다. 너무 끔찍한 내용의 종교적 가르침은 평화와 기쁨을 배우기도 전에 공포부터 배우게 합니다. 어떤 내용이든 어린 시기에는 무서운 것은 피하도록 하는 것이 좋습니다.

세 번째 편지

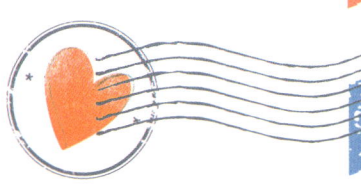

지금 내 마음에

어떤 일이

일어나고 있을까요?

아픈 감정, 상처를 받을 때 우리 마음은 어떻게 움직일까요?

마음에서 어떤 일이 벌어지는지 알아보려고 해요.

마음을 자세히 알수록 우리는 자신을 더욱 소중하게 대하고,

더 솔직한 모습의 진짜 나를 만날 수 있거든요.

마음은
스스로
방패를
만들어요

사람은 누구나 살아가면서 자기도 모르게 상처를 주고, 또 받아요. 어떤 사람이든 '상처'를 받지 않고는 살 수 없지요. 그렇다면 훌륭한 사람들은 어떻게 그 상처를 받으면서도 훌륭한 사람이 되었을까요? 그 비법은 바로 ==상처를 어떻게 극복했느냐에 있답니다.==

상처는 나쁘기만 한 것은 아니에요. 때로는 성숙하고 훌륭한 사람이 되는 토대가 되기도 하거든요. 훌륭한 사람들은 자신의 상처를 외면하지 않고 잘 치유하며 성장의 밑거름으로 삼는답니다.

그런데 이것이 쉽지만은 않은 일이에요. 왜냐면 많은 사람들이 자기가 어떤 상처를 받았는지조차 잘 모르거든요. 상처가 심각해지면 그저 '슬프다' '외롭다' 정도의 감정으로만 느낄 뿐입니다.

우리는 마음의 상처를 왜 잘 모를까요?

어떤 사람들은 상처가 생기면 일단 그것을 마음속 깊이 쌓아 둡니다. 상처는 일단 상처가 생긴 그때만 넘기면 괜찮아진 것처럼 느껴지거든요. 하지만 과연 괜찮은 걸까요?

절대 괜찮지 않답니다. 상처를 쌓아 두는 것은 겉으로 표현하지 않았을 뿐이지 상처가 없어진 상태는 아니기 때문이에요. 상처를 쌓아 두다 보면 마음이 좋지 않은 상태가 계속될 거예요. 불행한 느낌 혹은 슬픔 등의 나쁜 감정이 끊임없이 마음을 힘들게 합니다.

그래서 사람은 자기도 모르게 마음속에 '방어 기제'를 만들게 됩니다. 방어 기제는 무엇일까요? 마음이 아픈 상태를 견디기 쉽게 하도록 무의식적으로 자신을 속이거나 해석을 다르게 해서 힘든 감정을 못 느끼게 하는 거예요.

방어 기제라는 말은 정신 분석의 창시자인 '프로이트'가 처음으로 사용한 말입니다. 즉, 마음이 자신을 보호하기 위해 '방어 기제'라는 방패를 만든 셈이지요. 그 방패는 우리에게 자신의 상처를 숨기거나 우리를 속여서 상처를 가려 줍니다. 그래서 우리는 자신에게 어떤 마음의 상처가 있는지 잘 알아차리지 못하게 되지요.

마음의 거짓말, 방어 기제

방어 기제라는 말도 뜻도 조금 어려운 것 같나요? 조금 쉽게 이해할 만한 예를 들어 볼게요. 만일 아침에 학교에 갈 때 비가 오지 않아서 우산을 갖고 가지 않았다고 생각해 보세요. 그런데 갑자기 하늘이 컴컴해지면서 번개가 치고 금세라도 비가 올 것 같으면 수업 중에 은근히 걱정이 되겠지요? 비가 오면 어떡하나 하고 말이에요.

그런데 방어 기제라는 게 발동이 되면, 자기도 모르게 이렇게 마음 편히 믿게 돼요. '아, 비가 안 올 거야.'라고요. 우리 마음의 걱정을 줄이기 위해 방어 기제가 작동하는 거지요.

그러나 방어 기제는 문제를 근본적으로 해결하는 것이 아니라 문제가 없다고 자기 자신에게 일종의 거짓말을 하는 거예요. 실제로는 비가 올지도 모르니, 수업이 끝나고 우산을 빌리거나 어떤 대책을 세우는 것이 좋은 방법이겠지요.

하지만 방어 기제로 인해 아예 비가 오지 않을 거라고 믿게 되면 어떻게 될까요? 아무 준비 없이 무방비하게 있다가 나중에 더 큰 대가를 치를 가능성이 커요. 그렇기 때문에 상처가 있음에도 불구하고 방어 기제가 작동해서 상처를 깨닫지 못하게 되면 오히려 나중에 더 큰 문제를 일으킬 수 있답니다.

또 다른 사람과 관계를 맺을 때도 방어 기제가 작동하면 진심으로 사람을 대하지 않게 되기도 해요. 그러면 진실한 친구를 만들기도 힘들고, 자연스럽게 외로워진답니다.

방어 기제에는 어떤 것이 있을까요?

이제부터 아픈 상처를 가리기 위해 마음이 우리에게 어떤 방패를 대고 있는지 살펴볼게요.

🚨 부정

아주 고통스러운 일이 생겼거나 갑작스럽게 난처해진 경우에 이 방어 기제가 나타나요. 이 방어 기제의 이름이 '부정'인 이유가 있어요. 이 부정이라는 심리가 나타나면, 일단 그 상황을 거부하고 도망치려고 하기 때문입니다.

　예를 들어 볼게요. 가장 친한 친구가 자기 지갑을 훔쳤어요. 너무 친한 친구가 내 지갑을 훔쳤다는 현실이 너무 괴로워요. 그래서 "네가 절대로 그럴 리 없어"라며 믿지 않아요. 이것이 바로 부정 심리가 나타나 현실을 거부하는 상황이랍니다.

　숙제가 하기 싫어서 일부러 알림장을 잃어버리는 아이 역시 '부정' 방어 기제가 작동하기 때문이에요.

🔥 억압

우리는 감당할 수 없는 욕구, 깊은 상처가 생기면 마음이 불안하고 혼란스러워져요. 이럴 때 '억압' 방어 기제가 나타납니다.

'억압'은 불쾌한 경험이나 반사회적인 충동(사회 규범 등에 어긋나는 행동을 하고 싶은 충동), 스트레스, 불안을 일으키는 생각 등을 마음속 깊이 몰아넣고 더 이상 생각하지 않으려는 것이지요.

선생님 상담실에 온 한 아이는 시험을 보는 게 너무너무 끔찍하게 싫었어요. 그래서 중간고사 시험 기간을 아예 잊어버렸지요. 마치 TV 드라마나 영화 속 주인공이 큰 충격을 받고 기억 상실증에 걸린 것처럼 말이에요. 이런 것도 '억압' 방어 기제가 생겨났기 때문이랍니다.

💥 합리화

이것은 마음이 상처받지 않도록 상황을 사실과 다르게, 그럴 듯하게 꾸며 자신을 정당화하는 심리예요. 즉 자존심이 상하거나 죄책감이 느껴지는 일에 무의식적으로 그럴 듯한 이유를 만들어 내어 견디도록 하는 심리지요. 변명이나 거짓말과 비슷하지요?

하지만 변명이나 거짓말이 알고 하는 행동이라면, 합리화는 자기도 모르게 하는 것이에요. 예를 들어 공부를 잘 못하는 아이가 '공부를 잘한다고 훌륭한 사람이 되는 건 아니야'라며 스스로를 납득시키는 것, 약속을 잘 어기는 사람이 '약속은 누구나 어길 수 있어'라고 생각하는 경우도 합리화하는 것이랍니다.

자기 스스로 '합리화' 방어 기제를 쓰고 있다는 것을 인식하기가 어려워 치료가 매우 어렵지요.

투사

나쁜 상황이 벌어졌을 때 그것을 무의식적으로 남의 탓으로 돌려 자신을 방어하는 심리를 말해요. 예를 들어, '내가 이렇게 된 건 다 네 탓이야'라고 하거나 '네가 나를 미워하기 때문에 나는 너를 미워해' 하는 경우이지요. 투사는 자신의 욕구나 문제를 올바르게 깨닫지 않고 다른 사람이나 주변에 탓을 돌려요. 그 결과 진실을 감추거나 현실을 왜곡하기 때문에 정말 좋지 않답니다.

반동 형성

이 방어 기제는 자신의 생각과 정반대로 감정을 표현하고 행동해요. '미운 놈 떡 하나 더 준다'는 속담이 있는데, 바로 이것이 반동 형성 방어 기제에 해당돼요. 예를 들어, 자기가 좋아하는 친구를 오히려 귀찮게 해서 그 친구가 짜증 나게 하는 행동 등이 있어요. 친구가 자기를 싫어할까 봐 무서워서 아예 친구를 사귀지 못하는 경우도 있어요. 좋아하는 친구가 생겨도 헤어질까 봐 두려워서 그 친구에게 다가가지 못하거나 쌀쌀맞게 대하는 것도 여기에 속해요.

전이

이 방어 기제는 갈등이 생기면 갈등을 해소하기 위해 다른 데 관심

을 돌리는 것을 말해요. 예를 들어 부모님께 사랑을 받지 못한 아이가 친구에게 집착하는 경우가 있어요.

 퇴행

이 방어 기제는 어려움을 피하려고 다시 어린아이 시절로 돌아가 아이처럼 구는 심리와 행동을 말해요. 즉 동생에게 부모님의 관심이 쏠리자, 자신에게 관심을 돌리기 위해 어린아이처럼 행동하는 경우가 있어요. 상담실을 찾은 한 아이는 초등학생인데도 우윳병을 빨고 있었어요. 동생처럼 젖병을 빨면 부모님의 관심을 받을 수 있을 거라고 생각한 거지요. 심지어 동생처럼 소변을 그냥 누워서 보는 아이도 있었어요.

동일시

이것은 한 가지, 혹은 여러 가지 측면에서 다른 사람을 무의식적으로 나와 같다고 여기는 심리 현상이에요. 이런 현상은 주로 가족 간에 많이 일어난답니다. 예를 들어 부모님을 동일시해서, 부모님의 행동이 바르지 못할 때 자신도 바르지 못한 사람이라고 여기는 현상이에요.

이제 우리 마음의 방패, 방어 기제가 무엇인지 좀 알게 되었나요? 조금은 어렵지요? 방어 기제는 누구나 가지고 있어요. 마음의 상처를 입을 때마다 그것을 덮기 위해서 일어나는 심리이지요. 하지만 그것이 심해지면 마음의 병이 되기도 해요. 나는 어떤 방어 기제를 자주 쓰는지를 한번 생각해 보세요. 그것을 잘 알고 있으면 무의식적으로 가린 마음이 아닌, 진짜 마음을 살펴보는 데 큰 도움이 된답니다.

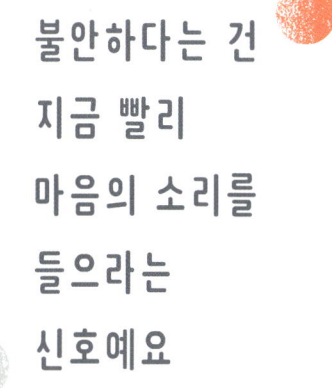

불안하다는 건
지금 빨리
마음의 소리를
들으라는
신호예요

　사람들은 여러 가지 감정을 느끼며 살아요. 행복, 기쁨, 외로움, 슬픔, 분노…. 이러한 감정은 우리가 살아가는 데 반드시 필요한 감정이에요. 기쁘고 행복한 것은 알겠는데, 슬프고 화나는 것은 없어도 되지 않냐고요?

　아니, 그렇지 않아요. 슬프고 화나는 것도 반드시 우리에게 필요한 감정이랍니다. 우리가 슬퍼하지 않는다면, 마음이 얼마나 힘든지 그리고 우울한지 알아챌 수 없을 거예요. 화 역시 우리가 억울하거나 불쾌하거나 위험한 순간을 알아챌 수 있게 도와주는 감정이지요.

위급한 마음 상태를 알려 주는 경고등, 불안

불안 역시 마찬가지예요. 불안이 무조건 우리에게 나쁘기만한 것은 아니랍니다. 우리가 안전하게 살기 위해서는 불안이 어느 정도 있어야 해요. 만일 우리가 높은 곳에 올라갔다고 가정해 볼게요. 아래로 떨어질까 무섭고 불안하겠지요. 그래서 몸을 조심히 움직이게 될 거예요. 아래로 떨어지지 않으려고 말이에요. 만약 무섭거나 불안한 마음이 없다면 어떻게 될까요? 높은 곳에서 조심히 행동하지 않고 위험한 행동을 서슴지 않을 거예요. 그러다 잘못하면 떨어지는 사고를 당할지도 모르지요.

차가 쌩쌩 달리는 도로를 부득이하게 건너야 한다고 생각해 볼게요. 굉장히 무섭고 불안할 거예요. 차가 오는지 조심하며 건너겠지요. 만일 무작정 길을 건넜다가는⋯⋯ 더 이상 말하지 않아도 되겠지요?

==불안은 이렇게 우리에게 '조심해야 할 상황, 위급한 상태'를 알려 주는 감정이에요. 그러니 만일 우리가 불안하다면 그저 나쁘게만 생각하지 말고 빨리 우리의 마음을 살펴봐야 해요.== 우리 마음에 어떤 일이 일어나고 있는지 관심을 가져야 해요. 과거의 어떤 마음 상처가 건드려졌는지, 어째서 위험한 상태라고 느끼는지를 알아보아야 하지

요. 그래야만 마음의 상처를 알고 치유할 수 있게 될 테니까요.

불안은 과거에 상처받은 마음이 있을 경우에 거기서 비롯되는 일이 많아요. 예를 들어 선생님께 혼나는 상황에 불안을 심하게 느끼는 한 아이가 있었어요. 그 아이는 사실 선생님께 혼나는 상황만으로 불안해지는 것은 아니에요. 선생님께 혼나는 것으로 인해 과거 아빠에게 호되게 혼나서 마음에 상처를 받았던 기억이 무의식적으로 건드려졌던 것이지요. 그 기억이 뭔지 뚜렷하지 않아도 당시 받은 상처와 감정은 다시 생생하게 살아납니다. 그 상처와 감정이 올라와 선생님께 혼나는 상황에 심한 불안을 느끼는 거예요.

==만일 불안이 커진다면 과거 상처를 건드리는 자극이 지금 있을 가능성이 높아요. 그러므로 불안을 느낀다면 과거에 자신도 모르게 받았던 상처를 다시 알게 되는 계기가 될 수 있어요.== 그래서 불안한 마음이 힘겹기는 해도, 과거 상처를 제대로 치유하는 기회가 되기도 한답니다. 그럼으로써 마음은 더욱 성장할 수 있게 됩니다.

만일 불안을 그냥 지나쳐 버린다면 어떻게 될까요?

불안으로 인해 알게 된 상처를 다시 치유하고 같은 상처를 반복하지 않도록 노력하는 것이 중요합니다. 그렇게 하면 불안은 없어질 수 있어요. 하지만 이런 노력을 기울이지 않고 불안할 때마다 그냥 지나쳐 버린다면 어떻게 될까요?

상처가 계속 쌓이게 될 것이고, 불안도 점점 커질 거에요. 그렇게 되면 자기도 모르는 사이에 방어 기제가 자꾸 나타날 거예요. 마음의 상처를 급하게 가리기 위해서 말이에요. 앞서 이야기했지만 방어 기제는 그 잠시 동안은 상처를 외면할 수 있어요. 하지만 상처 자체가 없어지는 것은 아니기 때문에 오히려 상처를 곪게 만들 수 있습니다.

그 상태가 지속된다면 어떻게 될까요? 무의식적으로 눌러놓은 불안은 점점 커져서 마치 핵폭탄과도 같은 위력을 갖고 어느 날 팡 하고 터져 버리고 맙니다.

불안 폭탄은 각각 다른 증세로 나타납니다. 어떤 아이에게는 강박증 증세(특정 행동을 반복하지 않으면 불안해져서 견딜 수 없는 증세)로 나타나요. 또 다른 아이에게는 공황 증세(아주 심한 불안에 빠져 생명의 위협을 느낄 정도의 공포감을 느끼는 증세)로 나타납니다. 또 틱 장애(목적 없이 반복되는 이상 행동을 보이는 장애)가 생기기도 하고, ADHD 증상(주의력이 부족해 산만하고 충동적인 행동을 보이는 장애)이 나타나기도 해요. 아주 심한 우울증으로 나타나기도 합니다.

한번 만들어진 불안 폭탄은 언젠가는 터지게 되어 있어요. 어린아이일 때 터지는 경우도 있지만 어른이 되어서 터지는 경우도 있어요. 그러므로 불안이 보내는 신호를 결코 지나쳐서는 안 돼요. '내가 불안하구나'라는 것을 알아채고 '내가 상처받았구나'라고 생각해야 합니다. 그리고 이 불안한 마음을 해소하려고 노력해야 한답니다.

불안을 어떻게 해소해야 할까요?

아주 간단한 방법이 있어요. 누군가에게 마음속 불안한 감정, 또는 불안한 감정을 만든 상처에 대해 이야기를 하면 돼요. 부모님, 친한 친구, 형제자매, 선생님 누구라도 좋아요. 누군가 내 이야기를 들어 줄 사람이 있다면 그 사람에게 매일 이야기를 하는 거예요. 자신의 이야기를 누군가에게 하는 것만으로도 마음속에는 이미 상처가 치유되고 있답니다. 이때 듣는 사람의 태도가 매우 중요해요.

"아, 그런 일 때문에 힘들었겠구나."

"얼마나 마음이 아팠니?"

이야기를 들어 주는 사람은 마음을 다해 공감하고 이해해 주는 태도를 지녀야 한답니다. 만일 누군가 나에게 마음속 상처를 이야기한다면 꼭 이러한 태도로 이야기를 들어 주세요.

네 번째 편지

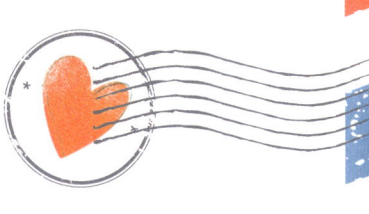

마음의 힘을

기르기 위해서

이렇게 해 봐요!

마음이 건강하면 아주 놀라운 힘이 솟아난답니다.

자존감이 강해지고, 어려움 앞에서도 두려워하지 않는 힘이 생기지요.

무엇이든 해낼 수 있는 자신감도 갖게 되고요.

무한한 가능성을 품고 적극적으로 생활해 나가게 됩니다.

이렇게 건강한 마음의 힘을 기르기 위해서는 어떻게 해야 할까요?

사랑한다면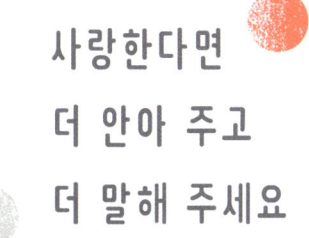
더 안아 주고
더 말해 주세요

여러분이 태어났을 때 가장 먼저 만나게 되는 사람은 누군가요? 바로 부모님일 거예요. 더 구체적으로 말하면 엄마가 되겠지요. 세상에 태어나 처음으로 만난 엄마의 사랑은 그 누구의 사랑보다 더 중요해요. 왜냐하면 사람은 밥으로만 살 수 없는 존재거든요. 사랑도 같이 먹어야 신체적으로 정서적으로 심리적으로 우리는 건강하게 자랄 수 있어요.

사랑이 부족하게 되면 마음의 면역력이 떨어져서 작은 상처에도 쉽게 쓰러져 버리고 치유할 수도 없어요. 사랑이야말로 모든 마음의 병을 치료해 주는 만능 해결책이랍니다. 사랑을 표현하는 방법은 안아 주거나, 등을 쓰다듬어 주거나, 말해 주는 등 정말 단순하고 다양하게 있어요.

그런데 이 사랑을 우리는 얼마나 일상에서 주고받고 있을까요?

스킨십이 필요해요

어린 시절에는 엄마 아빠가 우리를 많이 만져 주고 많이 안아 주어야 해요. 말을 하지 못하는 아기들은 엄마 아빠의 손길에서 사랑을 느끼기 때문이에요. 다정한 스킨십을 많이 할수록 아기들은 부모의 사랑을 더욱 많이 느끼게 됩니다.

이처럼 스킨십은 사랑을 표현하는 아주 중요한 방법이랍니다. 상처받았을 때 따뜻하게 껴안으면 차가운 마음이 따뜻해지는 것을 느낄 수 있을 거예요. 외로울 때 친구가 손을 잡아 주면 '나는 너의 편이야. 힘내.'라는 감정이 전해지기도 하지요. 사랑하는 마음을 적절한 스킨십으로 표현하는 것은 아주 좋은 방법이에요.

사랑한다고 말을 해 주세요

우리의 마음은 표현하지 않으면 상대방에게 다다르지 않아요. 그러니 감정을 말로 표현하는 것은 아주 중요하답니다. 그저 가만히 있으면서 내 마음을 알아주기를 바라는 것은 상대방에게 기대하는 무리한 욕심일 수도 있어요.

사랑하는 마음을 말로 충분히 표현해 주세요. 그리고 사랑해 주기를 바라는 마음도 충분히 표현해 주세요.

"나는 네가 정말 좋아."

"엄마, 외로워요."

이렇게 사랑이 필요하다고, 또 사랑한다고 이야기해야만 상대방이 알 수 있답니다. 사랑을 전하는 말은 그 자체로도 따뜻한 치유의 힘이 있어요. 이야기를 하는 것만으로도 상처를 회복하는 힘을 얻게 되지요.

그러니 힘들어하는 친구가 있다면 사랑을 전하는 말로 표현해 주세요. 그리고 나 역시 마음의 상처로 힘들다면 이것을 충분히 표현해 주세요. 그래야 상대방이 나를 위해 사랑을 전할 테니까요.

칭찬을 담은 편지와 감사 일기를 써 보아요

사랑은 꼭 남한테서만 받을 수 있는 것은 아니랍니다. 우리는 스스로에게 사랑의 말을 전할 수 있어요. 바로 편지와 일기를 쓰는 것이지요.

세상에 나를 가장 잘 알고, 나를 아껴 주는 존재는 다름 아닌 나 자신이에요. 그러니 힘들어하는 나를 위해, 편지를 적어 보세요. 나의 아주 작은 행동이라도 잘했다면 칭찬을 해 주세요. 다른 누구도 아닌 나 자신을 알아봐 주고 따뜻한 칭찬을 해 주는 거예요.

그리고 내 주변에 감사할 것들을 찾아서 적어 보세요. 사소한 것이라도 감사하는 마음으로 적어 보세요. 예를 들어, 오늘 날씨가 아주 맑은 것. 친구가 나를 보고 먼저 알은체한 것. 모두 감사의 대상이 될 수 있어요.

이렇게 감사 일기를 적다 보면 생각보다 나의 상황이 나쁘지 않다는 것을 알게 돼요. 상처를 받기만 하고 기댈 곳이 전혀 없다고 생각한 나의 상황이 조금 다르게 보일 수 있답니다. 일기 속의 내가 좀 더 객관적으로 보이거든요. 생각보다 상황이 나쁘지 않다는 것을 깨닫고 좀 더 긍정적인 시선으로 바라볼 수 있게 되지요.

공부에 대한
감정을 덜어 내야
공부를 잘할 수
있어요

　많은 어린이 친구들이 공부에 대한 스트레스로 힘들어해요. 공부하는 것은 항상 힘들다고 생각하지요. 고학년에 될수록 공부 자체가 어려워서 힘들어하기도 해요. 하지만 그것이 마음의 상처를 얻게 될 만큼은 아니에요. 그보다는 공부에 담긴 감정으로 힘들어하지요. 그 힘겨움으로 인해 마음의 상처를 받아 더 공부가 힘들어지기도 한답니다.

마음의 병 때문에 공부가 더욱 힘들어져요

공부를 잘하고 싶은 마음에는 다양한 감정이 담겨 있을 거예요. 공부를 향한 순수한 재미, 높은 성적을 받고 싶은 마음, 부모님의 기대를 채우고 싶은 마음, 부모님의 사랑을 받고 싶은 마음, 친구를 이기고 싶은 마음 등등. 이처럼 다양한 감정이 담겨 있답니다.

이 감정들은 때로는 공부를 더 열심히 하게 하는 동기가 되기도 해요. 하지만 때로는 공부에 전념하지 못하도록 방해하는 역할도 한답니다.

그러므로 공부를 잘하기 위해서는 마음의 상처가 없어야 해요. 공부 역시 마음의 병이 없어야 집중력을 갖고 열심히 할 수 있거든요. 그래야 좋은 결과를 얻을 수 있지요.

그런데 많은 부모님들이 공부하는 여러분의 마음 상태에는 별 관심이 없어요. 그저 유명한 학원을 보내거나 과외, 학습지 등을 더욱 많이 하면 공부를 잘하게 될 거라고 믿지요.

선생님의 상담실을 찾아온 희진이라는 아이는 이렇게 말했어요.

"선생님, 사실 학원에 가도 별로 소용이 없어요. 우리 엄마는 학원만 가면 제가 공부를 열심히 하는 줄 알아요. 근데 저는 그냥 앉아만 있다 오는 거예요. 머릿속이 복잡하고 마음이 불안한데 무슨 공부가 되겠어요."

희진이 말이 맞아요. 마음이 평온하고 집중할 수 있는 힘이 있어야 공부의 능률도 오르거든요. 마음이 불안하고 많은 생각이 떠오르면 10시간 동안 책상 앞에 앉아 있어도 아무 소용이 없어요.

열등감이 치유되자 성적이 올랐어요

창민이는 공부를 못하고 거친 친구들과 어울려 다니며 다른 아이들의 돈을 빼앗았어요. 선생님의 상담실을 찾아온 창민이의 마음을 살펴보았지요. 창민이의 마음속에는 매일 공부를 잘하는 형과 비교를 당해 열등감이 가득했어요. 열등감 때문에 도무지 공부에 집중할 수 없었어요. '또 형보다 못하면 어떻게 하지?'란 생각 때문에 너무 불안했거든요.

선생님은 창민이의 열등감을 치유하기 위해 노력했어요. 늘 비교당하는 대상인 '형'을 생각하지 않고 자기 자신을 생각하도록 이끌었지요. 창민이는 비교할 수 없는 소중한 존재이니 형을 떠올릴 필요가 없다고요.

열등감이 치유되자 창민이는 놀랍게도 공부를 잘하게 되었어요. 예전에는 책상에 앉으면 딴생각이 들고 글자가 머릿속에 전혀 들어오지 않았어요. 그런데 우울하고 화나는 마음이 사라지니까 집중이 잘된다고 해요. 집중이 잘되니 자연스럽게 공부하는 습관이 잡히고, 공부가 더욱 재미있어진 거지요.

공부하는 시간은 많은데 성적이 오르지 않는다면 공부 방법의 문제일 수도 있지만, 집중력의 문제일 수도 있어요. 그럴 때는 마음을 평온하게 만드는 것이 필요하답니다. 그러기 위해서 마음을 혼란스럽게 만드는 상처를 치유하고, 불안을 다스리도록 노력해 보아요.

갑자기 불안감이 느껴지거나 마음이 흔들릴 때 도움이 되는 운동을 알려 줄게요.

첫 번째로, 배가 불룩해지도록 4초간 코로 들이쉬었다가, 7초간 숨을 참고, 입으로 8초간 숨을 내쉬는 거예요. 이때 내 안에 있는 모든 불안이 빠져나간다는 느낌으로 숨을 내쉬어 보세요. 이 복식 호흡은 또 스트레스 해소나 숙면을 취하는 데에도 도움을 준다고 해요.

두 번째는 얼굴 근육, 주먹, 배, 항문까지 힘을 꽉 주었다가 서서히 몸에 힘을 빼는 방법이에요. 신체 근육이 수축했다가 이완될 때 불필요한 긴장감이 해소되는 걸 느낄 수 있을 거예요.

나의 꿈을 자세히 그려 보세요

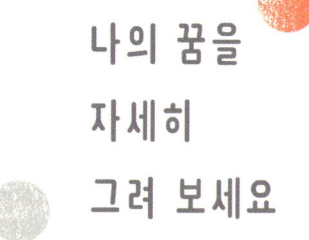

　지금 여러분의 꿈은 무엇인가요? 혹시 이런 질문이 버겁게 느껴지나요? 전에는 꿈이 많았는데 어느새 꿈이 점점 없어진다고 느껴지기도 하나요? 만일 그렇다면 조금 안타까운 마음이 들어요. 왜냐면 꿈을 가지는 것은 마음이 건강하다는 증거이기 때문이에요. 그래서 선생님은 여러분이 꿈을 가졌으면 좋겠답니다.

　선생님은 오랫동안 심리적으로 깊은 병에 걸렸었어요. 그래서 진짜 꿈은 한 번도 가진 적이 없었지요. 만일 선생님이 진심으로 꿈을 갖고 있었다면 그동안 살면서 그렇게 많은 시행착오를 겪지는 않았을 거예요. 물론 시행착오도 충분히 의미가 있었긴 했지만요.

현재 가난하고 아무리 힘들게 살아도 꿈이 있다면 그 사람은 부유한 사람이랍니다. 꿈이 많은 것은 마음이 건강하다는 것이에요. 마음속에 쌓인 상처가 사라질수록 미래를 긍정적으로 생각하게 되거든요. 그러면 즐겁게 꿈을 꾸게 되지요. 거꾸로 말하면 마음속의 상처는 꿈을 자꾸만 사라지게 만드는 지우개 같은 것이기도 해요.

꿈은 긍정적인 에너지를 가졌어요

꿈은 우리가 하고 싶은 것, 좋아하는 것을 향해 적극적으로 행동하게 만들어요. 그리고 어려움을 극복하게 만드는 힘도 가지고 있지요. 여러분이 꿈을 꾸고, 꿈을 이루기 위해 노력하는 과정 자체가 무척 뜻깊은 경험을 선사합니다. 설령 꿈을 이루는 데 실패하더라도 그 여정에서 무언가 새로운 나를 발견하게 되지요. 그리고 또다시 꿈을 꾸고 노력하게 하는 마음의 동력이 되어요.

자신의 꿈을 이룬 사람들은 자신은 물론 다른 사람들도 행복하게 만들어요. 꿈은 미래를 긍정적으로 보고, 자신의 삶을 주도적으로 살게 만들지요. 이처럼 꿈이 가진 긍정적인 에너지가 여러분을 더욱 행복하게 만들 거예요.

 어떤 꿈은 허황된 것처럼 보이기도 해요. 또 어떤 꿈은 응원해 주는 이들이 별로 없기도 하지요. 그 꿈을 향해 나아가는 길목에서 때로는 좌절을 만나게 되기도 해요. 하지만 그 좌절이 나쁜 것만은 아

니에요. 우리는 실패에서 더 많은 것을 배우기도 하니까요. 실패를 자양분으로 삼는 태도는 우리가 더 훌륭한 사람이 되는 데 반드시 필요한 역량이에요. 그러니 허황된 꿈이라고, 응원을 별로 받지 못하는 꿈이라고 해도 기죽을 필요가 없답니다.

꿈은 '나'를 탐구하는 시간이에요

자신의 꿈이 뭔지 골똘히 탐구하는 과정에서 우리는 '나'에 대해 적극적으로 알게 됩니다. 꿈을 찾기 위해서는 내가 무엇을 좋아하는지, 무엇을 하고 싶어 하는지, 또 무엇을 잘하는지, 어떤 성향인지를 생각해야 하거든요. 이런 것을 자세하게 생각할수록 나에게 맞는 꿈을 찾기 쉬워요.

나의 적성을 알지 못한 채 무작정 남들이 좋다고 하는 꿈을 쫓아가서는 안 된답니다. 그것은 진짜 내 꿈이 아니기 때문에 오히려 불행해지기 쉽거든요. 꿈을 향해 가다 만나는 좌절에도 쉽게 지치고 포기하게 되고요.

선생님이 아는 한 화가는 하마터면 의과 대학에 들어가서 의사가 될 뻔했어요. 그 사람은 공부를 잘했기 때문에 부모님이 의사가 되기를 바랐어요. 그래서 미술 대학에 가고 싶었지만 부모님의 뜻을 어길 수 없어서 의과 대학에 들어갔다고 해요. 그 결과, 대학 생활 내내 전혀 즐겁지 않았지요. 심지어 해부 실습을 하던 중에 심한 구토를 하며 쓰러졌어요. 그길로 학교를 자퇴하고 말았어요.

그 사람은 다시 공부를 해서 미술 대학에 들어갔어요. 그리고 그림을 그리며 살고 있습니다. 화가로 사는 것이 무척 행복하다고 해요.

남들이 부러워하는 의과 대학에 다녀도 자신은 조금도 행복하지 않았대요. 의사는 자신의 꿈이 아니기 때문이지요. 그건 부모님의 꿈이었어요. 아무리 부모님이라고 해도 자식의 행복한 꿈을 막을 권리는 없답니다. 자식이 잘못된 길을 택할 때 조언하고 충고해 줄 수는 있어도 강제로 그 길을 바꿀 수는 없어요.

문득 상담실에서 만난 열한 살 현수가 생각이 나네요. 어느 날 현수는 이렇게 말했어요.

"선생님, 제 꿈은 멋진 아빠가 되는 거예요."

"멋진 아빠?"

"네, 정말 좋은 아빠가 되는 게 세상에서 제일 멋진 일인 것 같아요."

선생님은 현수의 꿈이 정말 대단하다고 생각해요. 우리는 흔히 꿈으로 직업을 생각하기 쉬운데, 현수는 정말 자신이 되고 싶은 것을 진지하게 탐구해서 꿈을 찾았거든요.

열일곱 살 수지는 이렇게 말했어요.

"저는 그동안 꿈이 없어서 공부도 안 했어요. 공부해서 뭐 하나 그런 생각이 들었거든요. 그런데 이제는 달라졌어요. 선생님이 되고 싶어졌거든요. 그래서 저처럼 힘들어하는 아이들에게 공부를 해야 하는 이유를 알려 주고 싶어요."

열네 살 지훈이는 빛나는 눈으로 이렇게 이야기했어요.

"저는요. 선생님처럼 심리 치료사가 되고 싶어요. 왜냐면 주변에 너무 힘든 친구들이 많이 있거든요. 어른들에게 말하지 못할 뿐이지요. 저도 너무 슬프고 힘들었는데, 이제는 괜찮아졌어요. 저처럼 친구들도 힘을 낼 수 있도록 심리 치료사가 되려고 해요."

그동안 선생님이 상담실에서 만난 아이들은 정말 많아요. 그 아이들은 대부분 처음 만났을 때 꿈이 없었어요. 각자 마음이 너무 아프고 상처가 많아서 짜증과 화가 가득했지요. 자살을 생각할 정도로 마음의 병이 깊은 아이들도 있었어요.

하지만 마음의 상처를 회복하면서 아이들은 많이 달라졌어요. 그리고 아이들 대부분이 꿈을 찾았답니다. 정말 놀라웠어요. 꿈을 가지면서 아이들은 한층 더 밝고 건강해졌거든요.

자신만의 꿈을 꼭 찾기를 바라요. 그렇다고 꿈을 찾는 것을 어떤 숙제처럼 여기지는 않기를 바랍니다. 나에 대해 곰곰이 생각해 보며,

흥미로운 놀이를 하듯이 나와 세상, 그리고 꿈을 탐구했으면 해요. 그것만으로도 한층 즐거운 생활이 될 거랍니다.

꿈의 지도를 만들어 보세요

커다란 도화지 위에 여러 가지 모양과 색깔로 나의 꿈을 그려 보세요. 되고 싶은 것, 가고 싶은 곳, 하고 싶은 일 등 꿈은 여러 형태일 수 있어요. 꿈이 곧 직업인 것은 아니랍니다. 어떤 친구는 세계 일주를 하는 꿈을 꾸고, 어떤 친구는 맛있는 음식을 먹는 것을 그리기도 해요. 그렇게 그린 '꿈의 지도'를 거실 한가운데 가장 잘 보이는 위치에 걸어 두세요. 항상 볼 수 있도록 말이에요. 꿈의 지도처럼 시각적인 효과를 주는 건 매우 큰 영향력이 있습니다.

시간이 지나면서 꿈은 바뀔 수도 있어요. 꿈이 바뀐다고 나쁜 것은 아니랍니다. 여러분이 성장하는 동안 추상적인 꿈에서 현실적인 꿈으로 바뀌는 것은 자연스러운 일이에요. 어떤 꿈이든 기쁘게 바라봐 주세요. 항상 응원하는 마음으로 꿈을 본다면 더욱 실현할 가능성이 높아질 거랍니다.

이제 다 안다고 생각하지만 사실 잘 모르겠는
사춘기 어린이와의 공감 대화

열두 살, 나의 첫 사춘기

차승민 지음 | 184면 | 값 12,000원

어차피 어른들은 말해도 모르는데요?
어른들 역시 너희의 이야기가 궁금해!

초등학생들에게 일찍이 찾아온 사춘기는 몸의 변화만 가져오는 것이 아닙니다. 다양한 감정변화와 급변하는 시대를 반영하는 미디어 속 진로 정보들, 학업 스트레스까지, 아이들이 짊어져야 할 삶의 무게가 만만치 않습니다. 힘든 아이들의 이야기를 제대로 들어 줄 사람이 있었다면 이른 사춘기를 겪는 아이들이 조금은 기운을 낼 수 있을 것입니다. 하지만 그저 어린아이들의 투정이나 불만으로 여기고 귀담아 듣지 않는 어른들이 많습니다. 그런 어른들을 알기에 아이들 역시 자신의 속마음을 잘 털어놓지 않죠.

이에 오랜 시간 아이들의 가까운 곁에서 함께 생활하며 이야기를 나눠 온 교사인 저자는 사춘기를 겪고 있는 아이들에게 도움이 될 이야기들을 꾸려 냈습니다. 요즘 아이들이 겪고 있는 현실적인 고민들을 나, 친구, 공부, 부모님이라는 큰 주제로 나누어 직접 대화를 나누듯이 들어주고 공감해 줍니다. 혼란스러운 마음을 보듬어 주면서 스스로 극복해 나가는 방법도 알려 줍니다. 아이들의 눈높이에서 대화하는 것에 익숙하지 않은 부모님 또는 대화를 나누고 싶은 사춘기 어린이들 모두에게 좋은 마음 다독임이 되어 줄 것입니다.